人気BARの接客サービス

旭屋出版

目 次

目次

バーでお客を迎える前に行うべきこと…37

バー接客の現場

目　次

目次

はじめに

ひとくちに「バー」と言っても、世の中には様々なスタイルのバーがある。
実際に挙げてみると、ホテル・バーやオーセンティック・バーをはじめとして、カフェ・バー、ジャズ・バー、さらにはダーツ・バー…など、「バー」の前に何かしらの言葉が付くことがほとんどだ。

店の雰囲気やアルコールメニューの豊富さ、価格帯、客席回転率など、多様化しているバーのスタイルに合わせて、訪れるお客のスタイルやニーズも異なるのが一般的である。そのため全てのバーに共通してあてはめられる〝最適な接客〟というのは、残念ながら存在しない。

そうした中でもオーセンティック・バーは、個人店が多いながらも接客スタイルに格式と一貫性があり、目に見えないサービスにもお客が価値を見出す接客シーンが多い。
このため「バーの接客」というと、多くのかたがオーセンティック・バーを念頭にイメージされるのではないだろうか。

老舗や人気店など、多くのお客に支持されているオーセンティック・バーで、バーテンダーが取る行動のひとつひとつに込められた意味や理由を理解すると、どのような店でも接客をするうえで、応用して取り入れられるヒントの宝庫だと気付くはずだ。

本書では、接客業全体に共通する部分はもちろん、アルコールの入ったお客が多数を占める店だからこその接客にも注目し、オーセンティック・バーの接客に焦点を当て、人気バーのバーテンダーのかたがたに取材。バーだからこその接客の考え方と注意点、さらには、毎日の開店準備から営業中、閉店後、イレギュラーな事案への対処法など、シチュエーション別に接客方法や接客にかかわる準備、その理由などを紐解いていく。

バーの接客に
おける心構え

接客にパターンはないが…。

飲食店は、お客に料理やサービスを提供し、その対価として代金を頂戴するという形式で成り立っている。対するお客は、料理やドリンクの味、店の雰囲気、スタッフから受ける心づくしの接客など、その店で過ごす時間を満喫するために足を運んでいる。

バーにおいても同様で、提供されるカクテルや料理、バーテンダーとの会話、スマートな接客など、お客によって様々な要素を楽しみにしながら来店しているはずだ。提供する商品がアルコール類がメインだからといって、わざわざ「酔って大騒ぎしてやろう」と思って訪れる人はいない。万が一、そのようなお客が来店した際の対処法は別項に記述するが、日常の営業における接客であっても、お客によってその内容は千差万別であり、同じ接客パターンはないと思っていいだろう。

だからこそ、店のカラーが色濃く反映される接客スタイルは、軸となるテーマを明確にすることが大切である。

一人で営業する店ならば、オーダーを取るところから調理、提供、会計までを自分で

バーの接客における心構え

決めたテーマに沿って行えばいい。ただ、スタッフがいる場合は、各人の性格が異なるため、同じ接客をしていたとしても、個性による違いが出てくる。

この個性を殺した接客は、だいたいにおいて味気ないものになる。その代表例が、マニュアルサービスだ。スタッフが店の定めたマニュアルから外れることを強く禁じ、誰に対しても寸分の狂いがない統一された接客を目指すのであれば、残念ながら本書は参考にならないだろう。独自の接客方法をプログラミングした接客ロボットを開発するか、お金を入れたらお客が希望した商品が提供される自動販売機を置いた方が、スタッフ教育の手間も省けて手っ取り早いはずだ。

接客スタイルにテーマを持つ

スタッフ全員が共有できることが重要

では、各人の個性を活かしながらも、店のカラーを打ち出した接客を行うには、どうすればいいのか。

それには、あらかじめ明確に決めた〝接客スタイル〟のテーマを持ちたい。このテーマがあれば、スタッフ間でそれに沿った〝意識の共有〟ができ、個性を含みつつも店全体で見れば統一感のある接客を行うことが可能になる。

これは、接客を行わないキッチンスタッフであっても同様である。明確なテーマがあれば、グラスや皿の清潔さや盛り付けなどに、自然と反映されてくるものだからだ。

もちろん、テーマに沿った接客は、オーナー自身がいかに率先して実践できているかが重要であり、手本とならなければならない。

そして、提供するカクテルや食事に対しては当然のことだが、その空間・時間を楽しんだ対価としても、お客からお金を頂戴するということを忘れないようにしたい。

評価される接客は、大きな武器になる

「カクテルや料理がおいしい」「空間がおしゃれ」「店のスタッフの対応が心地いい」というように、〝味〟や〝空間〟と並んで〝接客〟も、お客から店が評価される項目のひとつだということを忘れないでほしい。非日常の空間を楽しませるバーの場合は、特にこのことは重要だ。

店の関係者以外から受ける評価は、いいものであればその声が積み重なることで店の強み＝武器に変化する。接客でも高評価が多くなれば、それは立派な武器だ。評価を落とすことがないよう、より磨きをかけていけばいい。

ほかにも、料理の味や仕事の丁寧さ、使用している食材の鮮度や豊富さ、低価格でお腹いっぱいになれるなど、店によって一番の柱となる武器は様々だろう。たったひとつの武器だけを後生大事にするのではなく、「鬼に金棒」の金棒を何本も持つことで、より強い店へと成長するのである。

ただ、店の特徴や他店と明確な違いを打ち出そうとするあまり、「とにかく何かに特

化しなくては！」と焦ってはいけない。意識しすぎるあまり、そこばかりにこだわってしまうと、自分たちが実際にお客に対してできることの本質を見失いかねないため、注意が必要だ。

テーマはどのようにして決めるのか

バーにおいては、バーテンダーをはじめとするスタッフは〝究極の裏方〟であるべきで、主役はお客である。

このことを念頭に置いたうえで、接客スタイルの軸となる〝店のテーマ〟を考える際、最も重要視したいのが、「お客をどう楽しませたいのか」ということだ。言い換えれば「もしも自分がお客として自身の店を訪れた場合、この店でどのように楽しみたいか」ということで、さらに裏を返せば「どんなお客（客層）に来てほしいのか」だ。

例えば、オーセンティック・バーの場合。

アンティーク調の内装で程よい明るさの照明が灯る店内、心地よい音量のＢＧＭが流れる中を案内されて着席し、一杯注文したらバーテンダーの手元を眺めながらしばしくつろぐ。提供されたカクテルを最初は目で楽しみつつ、香り、味を、より深く楽しむ。味わった上で、使用した酒の銘柄や産地、年式などについてバーテンダーとも二言三言は会話がしたい…といったイメージをしたとしよう。

そうしたら、まずはイメージした内装や雰囲気づくりのアイテムを用意しなくてはならない。この場合、アンティーク調の家具や照明、ＢＧＭのための機器や設備だ。次にスマートな接客と華麗な手さばきでカクテルを作る技術も必須だ。これは一朝一夕で身につくものではないので、それなりの経験が必要になってくる。

さらに、お客のいかなる質問にも答えられるような知識や、時にはうんちくなども必要であり、世の中のトレンドなどに合わせた情報のアップデートも欠かすことはできない。

このように逆説的な考え方をして必要なものを見つめ直すことで、自身の店に適した接客スタイルも固まるはずだ。

前述のイメージならば、元気ハツラツな「いらっしゃいませ！」は必要なく、声のボリュームやトーンは聞き取りやすくも、やや抑え気味の方がしっくりくる。片膝を付くほどかしこまらないにしても、適度にスマートなエスコートも必要だ。お客の要望にできる限り応えられるような品揃えと、その商品に対する知識など、ひとつひとつクリアしていけば良いのである。

バーの接客とカフェの接客

数ある飲食店のジャンルのなかでも、ひとり客の比率が他の業種と比べると高めで、提供メニューもドリンクが主体になることが多いジャンルの代表格が、バーとカフェである。

バーに行ったことがない・未成年だからまだ行けないという人でも、カフェであれば行ったことがあったり、もしなかったとしても、街なかやメディアなどで見かける機会が格段に多いため、どんな雰囲気かはイメージしやすいはずだ。

そこで、似た営業形態でも接客スタイルに明確な違いがあることを理解していただくために、まずは簡単にバーとカフェを比較してみることにしよう。

バーとカフェの営業的な違い

最初に、喫茶店とカフェの違いから。喫茶店はコーヒーや紅茶などと軽食を提供し、アルコールメニューは置かないのが一般的な認識となる。

カフェは、昨今〝〇〇カフェ〟という言葉もあるように業態が細分化している。〝夜カフェ〟や〝カフェバー〟と呼ばれるような、深夜までの営業に加えて、食事メニューを充実させ、それに合ったアルコールメニューを豊富に用意するようなバーに寄った経営スタイルのカフェも少なくない。どちらかというと、コーヒーも飲める飲食店全般を指すことが多いが、提供メニューのベースはコーヒーを主とするソフトドリンクとなる。

では、バーはどうか。

バーは、アルコールを提供することが大前提にある。このご時世に合わせてノンアルコールカクテルを豊富に用意している店も多いが、本来のベースとなるのはカクテルやスコッチ、バーボンといったアルコールメニューである。

アルコール度数もおおよそ、ロングカクテルで5〜15度、ショートカクテルなら20〜40度ほどとなり、居酒屋で飲む生ビールや酎ハイなどと比べると高めの設定だ。アルコール度数が高い分、原価もそれなりにかかることが多い。ということは、メニュー一品一品の単価も高くなる。

バーとカフェの利用内容の違い

以上のことを踏まえたうえで話を進めると、バーとカフェでは特徴的な違いがいくつも浮かび上がってくる。

まずは、店の設えやそれに伴う客層の違いだ。席の形態や照明の明るさ、調度品などがイメージしやすいだろうか。そして、それに伴って客単価や回転率も大きく異なってくることに気付くはずだ。

カフェを謳《うた》う以上、コーヒー一杯のみの利用客も大切なお客であり、チャージの設定がなければ客単価はせいぜい数百円〜1000円程度となる。一方バーは、着席・注文した時点で1000〜2000円のチャージが発生することが多い。さらにカクテル一杯も1000円前後だとすると、同じ一杯の利用でも客単価に数倍の差が発生する。

そのうえ、お客が注文する数も違う。バーとカフェで同じようにひとり客が一時間滞在した場合、バーであれば二〜三杯の注文を受けることが多いが、カフェでコーヒーを何杯もおかわりするお客は稀だろう。

お客の滞在時間＝回転率についても同様で、バーとカフェでは提供するメニューの特性や店の設え、そして接客スタイルの違いから、お客の過ごし方が根本的に異なる。これもひとり客を例にすると、カフェでの平均滞在時間は一時間ほどに対し、バーは二〜三時間というお客が多い。もちろん、店の立地や雰囲気、席と席の間隔など、様々な要素によって多少の差異は出るが、おおよそは変わらないはずである。

　そして、やはり最も影響するのが、お客とスタッフとの距離感を決定づける〝接客スタイル〟になるだろう。

■接客スタイルと、お客の傾向

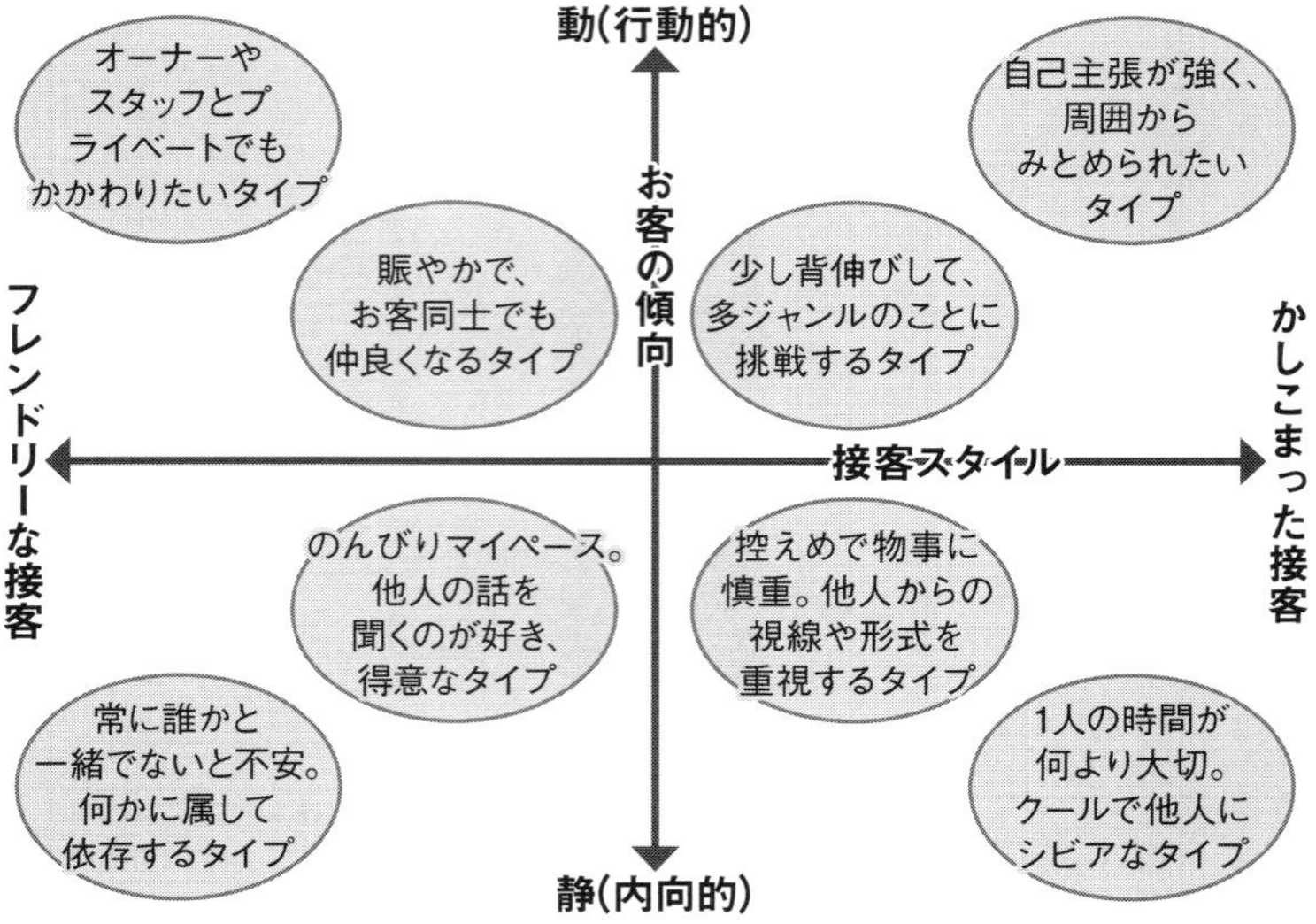

バーの接客の特徴

お客が何を求めているかを察知する

「グラス片手に読書」のお客にも配慮を

バーでのお客の楽しみ方は、カクテルやウイスキーを味わったり、店の雰囲気に浸ったり…と人それぞれだが、どの楽しみ方にも必要不可欠なのが〝接客〟である。

商品の提供後は、追加注文や会計時までお客との接点があまり多くないカフェとは違い、バーにはスタッフのスマートな振る舞いや、バーテンダーとの会話を楽しみに訪れるお客も少なくない。そうすると、必然的にお客と接する時間が長くなる。

さらに、前述のように同じ一杯・一時間の滞在でも、バーとカフェでは支払う金額に、大きな差がある。その差額を、お客が何に対して払っているかを深く考えておかなくてはならない。

たまに、グラス片手に読書…というような〝ひとりの時間〟を過ごすために訪れるお客もいるが、実はこれも上質な接客と空間がそこにあることを、お客が知っているからこそ成立する利用スタイルなのだ。本を読むだけなら自宅でも十分こと足りるはずだが、あえてバーに足を運ぶお客というのは、適度な〝人の目〟を感じ、心地よい緊張感を得るために訪れていることが多い。

この場合は必要最低限だが行き届いた接客と、くつろいで読書ができるような雰囲気づくりに徹すればよいのである。

かといって、後述するように、過度にお客との距離感が近かったり、慣れ親しんだ様子での接客は、逆にそのお客以外のお客に不評を受けることになる。したがって、バーでの接客は〝つかず離れず〟、お客にとっては〝見られていないようで見られている〟ことを意識するのが大切なのである。

常にアンテナを張り巡らせる

お客にとって〝見られていないようで見られている〟ことは、スタッフにとっては、いかにアンテナを張り続けていられるかどうかだ。バーの接客はこれに尽きる。どんなシチュエーションにおいても、お客が何を求めているかを素早く察知する能力が、必要になってくるのだ。

お客が来店してから席に着くまでの雰囲気を観察することや、さりげない会話の内容、さらに予約の場合は、予約時のヒアリングなども大切になってくる。これがアンテナを張り続ける理由なのだ。

着席してからもお客の表情や話し方に注意をはらい、目の前のお客だけでなく、店全体の様子が把握できるようにしたい。置いたグラスの位置は危なくないか、グラスは空になってないか、何か注文したそうな素振りのお客はいないか…といった具合である。ただ、注文を受けたカクテルを作っている時や、お客との会話中に絶えず視線を泳がせているのはいただけない。手元もしくは話をしているお客を見つつも、その視界の端と耳をフル活用するのだ。

慣れるまでには時間がかかるかもしれないが、一度身に付いたものはそう簡単に忘れたりはしないので、ぜひ会得して欲しいスキルだ。会話の仕方やその内容にもポイントがあるのだが、それは別章で詳しく記述する。

店のルールを明確にする

では、ここからはバーならではの状況を説明しながら、それに対する心構えや対策を説明していこう。

バーでは酔った状態のお客がほとんど

お客にどのように楽しんでもらいたいか、どのような心構えで接客するべきかを明確にしても、それはあくまで店サイドの考えだ。自分たちが思い描いたとおりの接客ができるお客ばかりが店を訪れるわけではない。

アルコールを提供するバーという性質上、店内で酔ってしまうお客や、二軒目以降の利用のため、すでに酔った状態で席に着くお客がほとんどになる。

もちろん、「今日は嫌なことがあって気分が悪いから、迷惑になることをたくさんして店や他のお客を困らせてやろう」と考えながら店を訪れる人はまずいない。もしいたとすれば、それはもう然るべき機関に届けて対処してもらうしかない。しかし、人はアルコールが入るとかなりの確率で性格が変わると思っていい。

変化の仕方は人によりけりだが、口数が増えいていつもより陽気になったり、やたら気が大きくなったりするパターンが多いだろう。酔って記憶をなくし、自分が何をしでかしたか覚えていないというたちの悪いパターンも無きにしもあらずだ。

普段なら〝当たり前〟と分かることも、人はアルコールが入ることで感覚が麻痺することを忘れてはならない。ましてやアルコールが入っていない状態で対応するスタッフ側から見ると「えっ、なんで⁉」と思えるようなシチュエーションもきっと多いはずだ。

招かれざるお客

お客が提供したカクテルを気に入り、アルコールの作用もあって幸せな気持ちからやや饒舌になったりするのはかわいいもの。むしろバー冥利に尽きるエピソードといえる。しかし、グラスを重ねるごとに酔いが回り、声のボリュームが大きくなったり、身振り手振りが大きくなったりして、隣席や周りのお客が眉をひそめるようになっては問題だろう。

バーの接客の特徴

お客は全て平等であるはずなのに、そのお客だけが楽しんでしまっては元も子もない。むしろほかのお客は、せっかくカクテルや空間、サービスを楽しむためにお金を払っているのに、ただただ迷惑なだけである。

接客業に一度でも携わったことがある人なら、経験した人も多いであろう、お客からのクレームは、内容を整理すると大きく二つに分けられる。注文したものと違うものが提供されたり、異物が混入していたり、提供する順番を間違えたりといった〝事実〟の部分。そして、スタッフの対応が良くない、あるお客のせいで気分を害したというような〝感情〟の部分だ。

〝事実〟に関わるクレームは本来あってはならないことで、オペレーションの徹底や何重にも行なう確認作業で限りなくゼロに近づけることができる。しかし〝感情〟に関わるクレームで、それが他のお客のことだった場合、防ぐのは難しくなってくる。

しかも残念ながら〝感情〟に関わるクレームのほうが厄介で、理不尽な思いをした分だけその人の記憶にも残りやすい。一度起こると、クレームを発したお客の再来店は難しいと思っていいだろう。未然に防ぎ難く、店にとっても災難なのに、顧客も減るという最悪のパターンだ。

クレームの原因となったお客に自覚や記憶がなかったとしてもだ。これぞまさに〝招かれざるお客〟がもたらす負のスパイラルである。

ルールの提示の仕方

〝招かれざるお客〟の来店頻度を下げるためにはどうしたらいいのだろうか。まずは店のテーマに沿った、〝お客により楽しんでもらうため〟のルールを考えてほしい。

実際、思いつくままに挙げれば店サイドがお客に控えてもらいたいことは山ほどあるだろう。

例えば、備品の持ち帰りや、調度品を傷つけたり汚したりしてしまうお客も残念ながら存在する。客席にも関わらず携帯電話を使って大きな声で通話をしたり、フラッシュを焚《た》いて背後の面識がないお客やスタッフが写り込んでもお構いなしの撮影などは、携帯電話が手放せない昨今によく見られる光景だ。また〝香害〟という言葉ができたように、香りの強いタバコやシガー、強烈な香水なども本人以外は辟易してしまう。このように細かなことを挙げればキリがない。

しかし、これらのことをいちいちお客の後を付いて「あれもだめ、これもだめ」と言って回るような接客は実に堅苦しい。スマートとは程遠い接客になってしまう。

では、どうしたらいいか。それは多少酔っていても感覚で理解できるよう視覚に訴えるのである。例えば、店の入口に分かりやすく箇条書きにしたプレートを付けたり、印象を和らげるためにあえて文字は使わず、ピクトグラムを用いたステッカー（絵文字のステッカーで、禁煙や携帯電話使用禁止など）を用意するのも手である。

これを保険証券などの約款のように、隙がないよう事細かに説明する文章にしたのでは重く感じ、お客は店の扉に手をかけることなく引き返してしまうだろう。さりげなく、入口や時には客席のわかりやすい位置にこれらを用意することで、不思議と意識の隅に残り、大多数のお客は店のルールを気にしてくれるようになるはずだ。

ルール違反への対応

ここまで対策を取ったとしても、ルールに引っかかるような行為を行なうお客は残念ながらゼロではない。むしろ一定の確率で存在すると言ってもいい。大切なのはそのお客に対して店がどのような対応を取るかということだ。

まずは店のルールを説明し、その行為を止めてもらわなくてはならない。その際の声の掛け方も重要だ。高圧的に表示を指差して「ルールは絶対！店にいる以上は必ず守ってもらわないと！」というような強い口調だと、たまたま表示を見落としたうっかりパターンで、本来ならば「あ、ごめんごめん。すぐやめるよ」で済むようなことでも、話がややこしい方向へ発展してしまうことになりかねない。あくまで下手《したて》に、

「すみません、当店では…」

と穏やかに指摘したいところである。

シチュエーションにもよるが、このシーンでは変に気を使って小声にするのではなく、近くに座っているお客には聞こえる程度のボリュームで話すことも大切になってくる。これは周囲のお客に対してもルールを間接的に提示できるだけでなく、〝きちんと注意をする店＝自分の大切な時間を守ってくれる店〟という印象をあたえることができるチャンスだからだ。

感情がマイナスからプラスになるということは、その分振り幅も大きい。「あんなことがあったけど、やっぱり楽しかった」という感情の着地点が大切であり、次回の来店の有無に大きく影響する。なので、注意を受けたお客に対しては少々気がひけるかもしれないが、ルール違反の代償としてこれくらいは利用させてもらうことにしよう。

対応スタッフにも順番がある

さて、問題のお客もスタッフからの言葉でその行為を素直に止めてくれればいいのだが、こちらが対応を間違うと、酔って気が大きくなっていることもあり、大声で反論したり、必要以上に絡んできたりするかもしれない。さらにはカウンターを叩いたりなどということも。

あまりに度が過ぎると、これまで積み重ねてきた店のイメージや信頼が台無しになりかねない。ほかのお客が気分を害してしまい、そそくさと会計を済ませて二度と店を訪れないということになるだろう。

好ましい対処法としては、まず中堅スタッフが店のルールとその理由を先述のように、下手《したて》にかつ丁寧に説明する。それでもだめな場合は、リーダー・主任クラスのスタッフが対応し、どうしても埒《らち》が明かない事態になって初めて、オーナーが登場するような段階を踏みたい。

というのも、店のオーナーというのは、冒険型ロールプレイングゲームでいうところのラスボス的な位置にいるからである。店やスタッフ、そこを訪れるお客を守る立場にあり、もし突破された場合、もう守ってくれる人は誰もいない。事態の早期にしゃしゃり出ていき、万が一にもやられてしまったら、店はあっという間に陥落したことになってしまう。評判はガタ落ちだ。

オーナーとして毅然とした態度で臨み、最悪の場合はそのお客に退店・次回以降の来店禁止を言い渡せる決定権を持っているのだから、最終手段として奥に控えているくらいが丁度いい。

バーでお客を迎える前に行うべきこと

何を誰が何時までに行うか

その日、店をオープンさせるまでにすることは、お客を迎えるための準備であり、接客の一部であると考えたい。

店内・外の清掃や食材等の仕込み、予約の確認など、毎日続けていると、やることはほぼ決まってくるため、慣れればスムーズに作業をこなすことができるようになる。

しかし、内容は営業中よりも多岐にわたっているため、時間配分や段取り、スタッフが何人かいる場合は割り振りが大切になる。慣れるまでは作業を一覧にした表を作り、各自がチェックできるようにすると漏れなく準備が進められるはずだ。

まず、やることを羅列し、それぞれに時間がどれくらい必要かを考え、開店時間の30分前には全て終わるように逆算し、出勤時間を決める。

この時、できればスタッフ内にひとり、フリーの人間を作っておくことが好ましい。電球の交換や急な備品の買い出しなど、イレギュラーな事態にすぐ対応でき、通常の営業準備にも影響しないからだ。さらに清掃がきちんと行き届いているか、準備の漏れはないかなど、細かな部分を小姑的にチェックする役割も担いたいため、オーナーやオーナー不在時にトップを務めるスタッフなど、地位的に上の人間がそのポジションに就くといい。

また、これもスタッフが何人かいる場合のことになるが、担当する作業は一定期間ごとにローテーションする仕組みが好ましい。日々行なう準備については、全てのスタッフがどの作業もこなせることが理想だからだ。そうすることで、出勤予定のスタッフが体調不良で急に休むことになっても、電話などで病に伏せっているだろうスタッフに何度も確認することなく準備が進められる。

逆に、それほど頻度が高くないことに関しては、適材適所を意識すると良い。例えば何か店でイベントを開催する際、パソコンが得意なスタッフはフライヤーやPOPの作成を、調理が得意なスタッフは食材の仕込みをすることで、大幅な時間の短縮になるからだ。

このようなことは通常の営業と並行して準備を進めることがほとんどのため、慣れていないスタッフが慣れていない作業に携わると、時間や肉体的負担が増加してしまう。

だからこそ、通常の営業に支障が出ないような配慮を、オーナーは心掛けたい。

なお、営業前の準備には、「毎日行うこと」「一定期間中に行うこと」「年に数度行うこと」があるので、次項で紹介していこう。

毎日しなければならないこと

まずは、毎日の営業の前に行わなければならないことである。

清掃

初めてのお客や常連客など、どのようなお客が来店しても、清潔感のある状態で迎えるために、毎日の清掃は欠かせない。清掃の行き届いていない不潔な店ほど、お客からの評価が低いものはない。飲食店として、お客の口に入れるものを提供し、代金を頂戴するのであればなおさらだ。

なかでもバーは、非日常の空間を楽しんでいただく場所である。現実問題として、店内はもちろん店の出入口周りなど、毎日お客やスタッフが通る以上、どうしても汚れてしまう場所はある。それだからこそ、ゴミや汚れなどで生活感を感じさせてしまうと、お客は一気に現実に引き戻されて、楽しさが半減してしまうので、徹底が必要だ。

ただ、掃除を徹底させるとしても、毎日の営業前に店の見えないところまでを含む、隅々までをピカピカに磨き上げるのは、時間と労力がかかりすぎる。オーナーやスタッフが汚れをチェックする共通のフィルターを持ち、毎日しなければならない場所と、そうでない場所を見極めることも、大切なことである。

そこで毎日清掃する場所を決める時、心に留めておくといいのが〝お客の動線と視線〟である。

具体的にイメージするなら、店の前の道を歩き、店に気付いて入店。入口で荷物を預け、席に案内されイスに腰をかける。メニューがあれば手に取り、スタッフをに注文する。アルコールや食事を楽しみつつ、トイレにも行くことがあるだろう。店での時間を楽しんだら、会計をして荷物を受け取り退店する。ここまでが一連の動きだ。

実際にその通りに自分が動いてみると、入口が店専用の下り階段であるならば、入る時と出る時で、階段の見える面が違うことにも気付くだろう。

これを、順に清掃していくことが、お客の見たり触れたりする場所を漏れなくきれいにできるコツとなる。もちろん、床の清掃であれば、木や絨毯、タイル張りといった床の材質によって使う道具が異なる。汚れもナッツの殻といった小さなゴミなのか、何かをこぼした跡なのかでも変わってくる。前述した作業の書き出しをする時にも、これらも意識してみるといいだろう。

もし人員数に余裕があるのならば、清掃を担当するスタッフは同じ日にキッチンの清掃や仕込みに関わらないようにできると、キッチンの衛生面もより安心できる。

またバーであれば、店の顔となるバックバーも常に美しい状態にするのは当然のことである。特に酒瓶などのガラス製品は、手で触る部分が皮脂で汚れやすく、そこにホコリも付きやすい。毎日のように使うボトルはそれだけ触れる回数も多く、バースプーンやステアグラスといった道具と同様にお客の目に映るのも頻繁なので、いつも光り輝くくらい磨いておきたいものだ。

それ以外の数百種類はあるだろうボトルに関しては、毎日全部磨くのは難しいので、区画を決めて順に清掃や整頓を行なうといいだろう。

日々続けるうちに、最終的にはどの部分の清掃にしてもより効率的な順序や方法が見えてくる。先に例に出した下り階段ひとつを取っても、目に触れる順に清掃したならば、まず段板をきれいにし、店内をきれいにしてから最後に蹴込み板を拭くことになるが、それでは時間や動きにムダがあることは誰でも分かる。店の造りやスタッフ数に合ったやり方にできるだけ早く気付き、見落としや無駄をなくして他の準備にもスムーズに取り掛かれるようにしたい。

仕込み

ほとんどフードメニューを置かないようなバーであっても、仕込みは意外と多いものだ。酒の補充や通年、もしくは季節の果物、氷、おしぼりなどである。仕入先からは、毎日のように物が届けられる。常に取引がある酒店では扱わない商品を仕入れたい場合は、宅急便で届くこともある。

これらを開封して、種類に応じて使いやすい場所においたり、お客の目に触れないよう収納したりするところから仕込みは始まる。特に開封後の空き箱などが客席から見えると、非日常の時間を楽しみに来たお客は興ざめしてしまうので気を付けたいところだ。

食材の仕込みもメニュー数に応じて多岐にわたり、バーであればオードブルやチャームの用意、カクテルに使うために果物をジュースにしたり、皮をむいておくなど、種類によってそれぞれの準備がある。風味が落ちやすいものや酸化してしまうものは、注文ごとに作業が必要になるが、それ以外の仕込みについては、お客への商品提供時間を少しでも短くするために行なっていることを意識してほしい。

また、慣れてくるとどうしても流れ作業に陥りやすく、今自分が触っているものがお客の口に入るという意識が薄れがちなので、その点にも注意が必要だ。

スタッフ間の情報共有

スタッフ全員が毎日同じ時間に出勤しているわけではない。ましてや看護師の申し送りのように全員が顔を合わせて書面と口頭で確認する時間を設けるのも、何かと忙しい開店前には難しい。

そこで、その日出勤しているスタッフ全員が把握しておきたいことは、スタッフルームやバックヤードといったスタッフ専用スペースに、連絡帳やホワイトボードを用意し、それぞれが書き込んだり確認して情報の共有を図りたい。現代風であればスタッフが共有して閲覧や書き込みができるサイトやアプリを活用するのもいいだろう。

そこには、在庫が少なくなった食材や備品、業者への注文履歴、誕生日やプロポーズといった特別な予約に関することなどを記載し、誰が見ても日付と項目別に一目瞭然になるようなフォーマットが作れると、さらにスムーズな情報共有ができるはずだ。

各スタッフは時間がある時に必ずチェックするようにすることで、たとえ自分が担当ではなかったとしても、トラブルやアクシデントに見舞われて本来の担当者が動けなくなった場合に、スマートな対応をすることが可能になる。

これも、お客の希望や理想をできる限り叶《かな》え、不安や不信感を抱かせることなく満足してもらうという〝接客〟の大切な下地なのだ。

身支度と身だしなみ

清掃や仕込み、情報共有などが終わったら、予約席のプレートやテーブルの備品をセットし、スタッフは営業時のユニフォームに着替えて身支度を整え、いよいよ開店である。

バーでお客を迎える前に行うべきこと

開店と同時に予約が入っている場合も含め、最低でも開店時間の10分前にはこの状態であることが理想だ。

着替える際はユニフォームの汚れなどを細かくチェックし、いつも清潔な状態でいられるように準備しておきたい。袖口や腰回りなどは、カウンターやテーブル席でサービスする際にお客の視線の高さになることから、特に気を付けたい箇所である。

身だしなみも、爪や髪の毛、顔であれば眉毛や鼻毛などを不潔感のないように整えておくことが大切で、男性の場合は髭の手入れなども忘れないようにしてほしい。

どちらも自分では見落としていることがあるかもしれないので、モチベーションを上げるためにも開店前にごく短時間のミーティングを行ない、そこで互いにチェックできるような環境を作っておくのもひとつの手である。

用意しておくといい情報共有ツール

営業前や営業中、さらには営業後にも、各スタッフが必要な情報をスムーズに確認できる環境が大切だ。下記のような情報共有ツールは、使用頻度や重要度に合わせて、見やすさや・使いやすさを考えて、用意したり作成したりすると、より便利だ。

【ホワイトボード・連絡ノート】

・全てのスタッフが利用する場所に設置し、少なくとも出勤している全員が1日1回はチェックすることを義務付けることが大切。

・内容は、仕入れなくてはならない食材や届く予定の食材など、日常的に内容が変わるが全員が把握しなくてはならないことであり、確認したスタッフは「見ました」というチェックを入れる習慣にすると、さらに伝達漏れを減らすことができる。

【各種連絡先 一覧表】

・店の設備の故障が破損した場合の連絡先は、「大家」なのか「管理会社」なのか。何か大きなトラブルが起きた際、一刻でも早く警察に店へ駆けつけてほしい場合は「110番」ではなく「店のある地域を管轄している警察署」へ連絡するなど、気持ちに余裕がなくても、一覧表を見ればすぐに次のアクションができるようなものを用意したい。

【領収書の宛名 一覧表】

・領収書をいつも発行するお客に関しては、会社名や名前を控えておき、スムーズでスマートな対応を心がけたい。会社の場合は、前株・後株、アルファベットの大文字や小文字など、間違いがない情報を記載した一覧表を用意。キャッシャー付近のお客から見えない場所に貼るか収納しておくといいだろう。

【デイリーチェックシート】

・日々の業務については、5W1Hを意識したチェックシートを作ると便利であり、アレンジすればシフト表として共用できる場合もある。

・下の例は「営業前の清掃箇所」を担当分けしたもので、いつ・誰が・どこを清掃するかをわかりやすく記載してある。仕込みやイベント準備など、シーンや店のスタイルに合わせたものにアレンジすると、スタッフも理解しやすく、自ら進んで作業を行うことができるようになる。

■デイリーチェックシート例

日付	11/1	11/2	11/3	11/4	11/5	/	/	/	/	/	/
担当／項目	田中 ――――――――――――――――――→				鈴木						
床	✓	✓	✓	✓							
イス・テーブル	✓	✓	✓	✓							
担当／項目	鈴木 ――――――――――――――――――→				佐藤						
ドアノブ周辺	✓	✓	✓	✓							
玄関ドア	✓	✓	✓	✓							
外部	✓	✓	✓	✓							
担当／項目	佐藤 ――――――――――――――――――→				田中						
トイレ	✓	✓	✓	✓							
洗面	✓	✓	✓	✓							

9月22日

徳島	酢橘（すだち）
大分	かぼす
和歌山	バレンシアオレンジ
愛知	MIUトマト
山梨	シャインマスカット
山梨	巨峰
愛知	無花果（いちじく）
愛知	レモネーディア
広島	グリーンレモン

【おすすめメモ】

・毎日変わる「本日のおすすめ」は、数が多いと覚えるのもひと苦労だ。この場合は、手のひらサイズの紙に品名（素材名）と補足情報（産地など）を印刷したものを用意し、スタッフ全員に配布すれば、お客への伝え忘れを防ぐことができる。さらに上から〝売りたい順〟で並べれば、スタッフの意思疎通も図れ、オーダーコントロールもしやすくなるはずだ。

3日〜一週間に一度すること

続いて、毎日行うことではないが、一定期間中に行いたいことである。

清掃

たとえばドア一枚をとっても、ノブや戸板の裏表など、前述のように毎日拭くべき場所はある。しかしドア縁の上部はどうだろう。毎回踏み台を用意してまで拭くべきところだろうか。これ以外にも、トイレの換気扇やランプシェードの表面など、お客が触らない、もしくはあまり目に触れない場所に関しては、「毎日の清掃リスト」からは省いてもいいだろう。

ただ、全く清掃しないのはいただけない。ふとした拍子に触れたりものが当たって埃がパラパラと落ちてくるようなことがあっては、店の面子などあったものではない。かといって「汚れてきたから掃除をしよう」というように、気付いた時にやるというのもいささか心許ない。日々の作業に追われているうちに、長期間見逃してしまうことになりかねないからだ。

店が路面店なのか地下なのか、はたまたオープンなテラス風なのかという、立地や間取りといった環境面によっても異なるが、実際の汚れ具合というのは新装開店から数ヶ月もたった店ならば自ずと見えてくるものである。各所の必要に応じた清掃のタイミングを見極めて、それぞれが汚れきる前に清掃できるよう、周期を書き込んだカレンダーなどを作っておくのが確実だろう。

仕込み

完成までに時間が掛かるものや長期保存できるものに関しては、数日に一度の大量仕込みが可能になる。バーであれば、シュガーシロップ、レーズンバターや生チョコ、ピクルス、各種ソース類といったところだろうか。イレギュラーな大量注文が重ならない限り、品切れを起こさないように仕込みをすることになる。

ここでも予約客のチェックがカギになってくる。ある商品が好きで来店するたびに注文するというようなお客の予約がある場合は、いつもより多めに仕込んでおくというような気配りをしたいところだ。

「いらっしゃるので、多めに用意しておきましたよ」と声をかければ、お客は「覚えていてくれてうれしい」という気持ちになり、「また来よう」となることが多いはずだ。特に、季節のフルーツを使ったカクテルなどには、特定のファンがいるので、こうした対応は喜ばれる。

ちなみに、そのような声をかけるのは、その商品の注文を受けてからにするのがベターである。もしかしたら、今日は違うものを注文したい気分かもしれないからだ。

席について早々に伝えると、お客は「注文しないと悪いなぁ」というプレッシャーに感じてしまうので、その点は注意したい。

備品や調度品のチェック

お客に関わるものであれば、トイレ・洗面周りのものが主になってくる。具体的な例を出すならばトイレットペーパーや手拭き用のペーパータオル、女性用トイレで最近目にすることが多くなった生理用品などだ。

バーでお客を迎える前に行うべきこと

ごく稀に、心無いお客が大量に持ち帰ってしまう場合があるが、それを除けば一日の営業で用意したものがすべてなくなることはまずない。清掃のタイミングなどでチェックをし、一定量がセットされていることを確認したり、足らなければ補充するくらいでいいだろう。

客席のテーブルやイス、扉のヒンジ部分など、お客が日々使用したり頻繁に稼働する部分に関しては、短いスパンで定期的にチェックする必要がある。スタッフサイドからはなかなか気付きにくい部分だが、お客は意外と見たり感じたりしており、思わぬところでくつろぐための時間に水を差しかねない。

カウンター内やキッチンなどで使用する備品については、ある程度は使用頻度が決まっているため、定期的な補充でこと足りるはずである。ただし、発注してから店に届くまでに数日かかるものもあるため、最低でも数日分のストックがあるかのチェックは必要だ。

月に一度〜気付いた時にすること

最後は、頻繁に行うことではないが、中長期的に行うべきことである。

季節ごとの備品や電気機器のメンテナンス

エアコンや暖房器具など、季節に応じた備品整備はシーズンごとに行なえば、ほぼ問題ない。

ただ、夏季のエアコンはフル稼働で酷使していることが多く、万が一故障した場合は臨時休業にもなりかねない。ましてや、店のエアコンが故障する時というのは、世間的にも同様にエアコン故障が起こりがちな時である。

そこで、日ごろから些細な異変も見逃さないよう注意しておきたい。また、臭いに敏感なお客は意外と多いため、フィルター類の清掃はシーズン中でも定期的に行なっておきたいところだ。

ＣＤやレコードプレイヤーを使っているならば、ＣＤやレコード盤のクリーニング、プレイヤーのレンズやレコード針のメンテナンスも折を見て行わなければならない。

予兆としては音飛びなどが現れるので比較的すぐ対処しやすいが、店内のスピーカーの向きによっては、カウンター内だと音がほとんど聞こえない場合もある。営業前の清掃時など、客席側にスタッフがいるタイミングから音を流す習慣をつけ、お客にはいつも耳障りの良い音を楽しんでもらえるような配慮を心掛けたい。

ほかにも、店内・外に花を飾ったり、季節のディスプレイをしている場合は、その時々に適したものを少しだけ先取りして用意し、お客の目を楽しませることに徹したい。間違っても、クリスマスが終わったのに、まだその名残があるというような見苦しい事態は避けなくてはならない。

いずれも、お金をかけるべき（専門業者に発注する）か、お金をかけずに（自分たちで行なう）クリアするかの見極めが大切で、労力と時間の費用対効果をしっかり考えた上で、方法を決めるのがいいだろう。

客席に座ってみる

お客の目線や感覚を意識し、営業や接客に活かすために勧めたいのが、時間を作って客席に一席ずつ座ってみることだ。一日で全部の席に座るというのは難しいが、少しずつ、しかし継続的に行なうことが、この行為を意義深いものにしてくれる。

座ってみることで、気付くことは意外と多い。カウンター内で見ている分にはまっすぐだと思っていたボトルの向きや傾き、バースプーンや調理器具の向きや位置、客席から見えていないと思っていた備品など、客観的な視点が修正すべき点を自然とクローズアップしてくれる。

カウンターやイスの状態も同様で、座面のクッションのヘタリ具合にはじまって、座って足を組み替えたりカウンターに肘をつくと軋む音が鳴ったり、カウンターの裏面に気づかない傷や汚れを発見したり、イスの座面と背面の隙間にゴミを見つけたり…と、驚きの連続になるかもしれない。

特にバーの常連客は、自然と座る席が決まっている場合が多く、実はいつも気になっているというお客がいるかもしれない。

バーでお客を迎える前に行うべきこと

とある店では、以下のような話があった。

ある日スタッフが客席に座った際、イスの傾きと軋みに気付いたためすぐに修理しておいた。後日、その席によく座る常連客が訪れた際、席に着くなり「あ、直したんだね」と言ったという。

思わず背筋が伸びるような話だ。

また、それぞれの客席から3Dスキャナをかけるイメージで店全体を見回してみると、席間の距離や客席からほかの客席を見た時の意外性や問題点、時には新しいインテリアのイメージが湧くこともある。

このように、何気ないように思える、客席に座るという行為は、「お客をどう楽しませたいか」という接客の根本と本質に立ち返る時間を設けることになり、忘れていたことや気付かなかったことを認識するきっかけになる。さらに、お客の入店から着席、そして退店までの目線を自然と意識するようにもなるはずだ。

新規オープンした店はもちろん、長く歴史を重ねた店であるほど試してほしい。

買い置いておくといいもの

店で使用している照明類の替え電球などは、切らさぬようにストックしておくのは当然だが、ほかにも用意しておくと便利なものは意外と多い。

まず、シミ抜きスプレーやシートだ。カクテルに使うリキュール類や果汁、ワインなどはこぼして衣類にかかった際、シミになりやすい。酔った席でグラスを倒してしまうお客は一定数いる。あってはならないが、提供の際にスタッフのミスでお客にこぼしかけてしまうこともある。そんな時におしぼりではなくシミ抜き用品がサッと出てくるだけで、お客の印象はかなり変わってくる。

このような咄嗟の事態に、「こんなものを用意してあるなんて、この店はしょっちゅうこぼしているのだろうか」といぶかしがるお客はまずいないので、ためらわずに差し出していい。

ただし、誰でも自由に使用できるよう洗面台付近に置いておくのは危険である。残念なことに、シミ抜き用品はトイレットペーパーの比ではない頻度で持ち帰られてしまうことが多いからだ。こうした用品は、店の備品としてバックヤードに用意しておいたほうが賢明だろう。

あとは、お客に壁やテーブルを傷付けられることも残念ながら時々起こるトラブルだ。意図的に傷付けるような悪質なお客もいるが、だいたいは酔ったせいで無意識に行なったり、イスや物をぶつけてしまうといったケースが多い。

客席から見える部分の傷は印象が悪いため一刻も早く直したいところだが、さすがに壁やテーブルの替えを用意している店はまずないだろう。そんな時にパテや塗料など、あらかじめ用意できるものは揃えておき、気付いた時にすぐ補修できる体制を作っておくとスマートである。

お客からの印象を悪くすることなく、店にとってもストレスを抱えたまま営業しなくてすむ、まさに一石二鳥のアイテムと言えるだろう。

以上、清掃を含めて店の準備として行うべきことを、行うべき期間別に紹介したが、最後に、毎日の営業終了後に行いたい「明日への準備」についても、紹介しておこう。

閉店後は翌日の営業準備も兼ねる

お客が全員退店して閉店時間を迎えたら、その日使用したものの片付けが始まる。もちろん、グラスや食器類など、使いながらその都度片付けを行っているものも多いが、バーならばボトルにシールキャップを巻いたり、営業中は大きな動きが制限されるカウンター内の整頓や片付けもある。

心も体も疲れているかもしれないが、その場でできることは済ませておく習慣を付けておくと、翌日の営業前の準備が格段に楽になることを忘れてはならない。

翌日の仕入れの準備もこの時点で可能になるため、注文するべきものをまとめて、発注書を業者別にまとめておくくらいの余裕を持ちたいものである。

これらはできるだけ短時間で終わるようオーナーやトップのスタッフが采配し、作業に適したスタッフを配置できるよう心掛けたい。

コラム トイレはもうひとつの店の顔

飲食店で、客席以外でお客が利用する場所のため、常に意識しなければならないのがトイレである。なぜならば、トイレはその店の〝サービスの基準〟が表れ、〝接客意識の裏側〟が垣間見える場所だからだ。ある例として、

「トイレやトイレの換気扇を見れば、その店の質や、繁盛しているかどうかがわかる」

と言われているのは、このようなことが由来しているのだ。

考えてみてほしい。いくら高級感溢れる美しい雰囲気の店内であっても、その店のトイレがお粗末で不衛生なものであれば、お客は入った瞬間に、それまで浸っていた〝非日常的な時間〟から一気に冷めてしまう。飲食店であれば、これまで自分が注文して口にしてきたものに対して（あれは、食べても本当に大丈夫だったのだろうか…）と、心配にもなるだろう。

まず、清潔であることは大前提である。便座や扉のノブ、蛇口の取手、洗面台周辺、鏡など、直接手が触れる箇所や、必ず目に入る部分は、営業中でも定期的にスタッフがチェックするシステムが不可欠だ。

それ以外でも、壁や天井、換気扇の汚れなど、視界に入る部分にも、日々の清掃で注意をはらいたい。

ほかにも、デザインや雰囲気は店の雰囲気に合っているかも気にしたい点だ。〝化粧室〟という呼び方もあるとおり、女性は男性に比べるとトイレの用途が幅広い。滞在時間も長いため、目に入る範囲はより広くなり、使い心地への評価もシビアだ。女性向けのアメニティキットや生理用品を置く店が増えたのも、この観点からである。

また、トイレ内に店内と同じような音が流れているかどうかも、意外と気付かない点である。個室に入った途端に無音になると、先ほどとは別空間にいる意識が強まり、それまでの心地よさが途切れてしまうからだ。さらに、女性は用を足している際の音を聞かれることを嫌がるので、無駄に水を流されることを防ぐのにも効果がある。

これから開業や改装を考えているかたならば、内装デザインにおいてトイレで意識したい点がある。女性客は男性客が自分の後にトイレに入ることを嫌がるため、できれば男女別に用意したい。さらに、お客同士のバッティングを避けるため、鍵の付いた二重扉の導入も望ましい。その際は、扉の開く向きも、個室内や通路を通るお客に干渉しないよう注意が必要だ。

このように、トイレについて考える場合は、女性目線を意識すると、まず間違いがないはずだ。店専用のトイレがなく、ビルやフロアで共用のトイレの場合は、できることが限られてしまうことも多いが、もし、店づくりを設計から始める際や、改装が可能であれば、このあたりもぜひ意識して取り組んでみてほしい。

バー接客の現場

入店から着席まで

店が定めた開店時間を迎えたら、表に「営業中」のプレートを出したり、看板に明かりを灯したりといった所定の作業を行い、いざ開店である。

「毎日が予約でいっぱいだ」という繁盛店であれば、〝誰が、何時に、何名で〟来店するかという予定がわかっているため、それを目指して準備をし、着々と予約客をこなしていけばいい。しかし、そうした店は稀であるし、もしそうであったとしても、その店が予約で満席ということを知らずに訪れるお客もいる。

このように、店の扉を開けて一歩中に足を踏み入れたお客にも種類があり、予約客や常連客以外にも、クチコミや人の紹介で訪れた一見のお客、通りすがりのお客、時には店を間違えて入ってきたお客などもいる。店を間違えたお客であっても、もしかしたらこれをきっかけに常連客になるかもしれない。

そこで、ここではまず、入店から着席までの接客について、予約をされているお客とされていないお客に分けて、パターン別に記述する。

予約のお客

予約客の来店時間が近付いたら、予約名と人数、予約時に希望があった場合は、カウンターやボックス、禁煙・喫煙といった席の種類を再確認するくらいの余裕を持って、扉が開くのに備えたい。

時間になって無事お客が来店した際には、何はともあれまずは、

「いらっしゃいませ」

の声を掛け、予約名とお客の顔が一致する場合は、

「ご予約ありがとうございます。お待ちいたしておりました」

の言葉とともに、席へ案内するのがスマートである。

予約名ではお客の顔がわからない場合は、

「いらっしゃいませ。何名様でしょうか」

と、まずは通常通りの声掛けをするのがいい。予約客の場合、おおよそのお客が「予約した○○です」と自ら名乗ることが多いからだ。

時間と名前、人数などが予約どおりであれば、そこからは、

「お待ちいたしておりました。ご案内いたします」

と続け、店内のほかのスタッフに聞こえるように、

「ご予約のお客様です」

と声を掛けながら席へ案内するといいだろう。

ただ、お客自ら予約のことを申し出ない場合もあるので、通常通りの声掛けをした後には、

「ご予約はされていますか?」

と問いかけることを忘れないようにしたい。


どのパターンの時も大切なのは、予約名と顔が一致していてもしていなくても、お客の名前を極力出さないようにすることである。

これはバーという業態独特の接客になるのかもしれないが、バーはお客にとって、どこか〝自分の大切な隠れ家〟や〝プライベートな時間を過ごす秘密の場所〟というよう

な要素を含んでいることが多い。そのため、「○○様、お待ちしておりました」や「ご予約の○○様です」と名前を連呼されることを嫌うお客が多いからだ。

もし、最初の声かけの後に「予約しているんですが…」と言葉が詰まってモゴモゴしているようであれば、そっと小声で名前を確認する程度がちょうどいいのだ。

予約はあるが人数が揃わない場合

予約がある場合は、来店するお客の人数があらかじめわかっている。しかし、予約時間にその人数が揃って来店するパターンばかりではない。店の中で待ち合わせをしていたり、メンバーの誰かが遅刻したりと理由は様々だ。

そんな時にわざわざ「ご予約は三名様でうかがっております。二名様しかいらっしゃらないようですが、あとの一名様はどうされましたか?」とすべてを聞くのは野暮である。スマートな接客ではない。

「三名様と…」

「店内でお待ち合わせですか?」

のように、現状や次の動作に関する言葉をお客から引き出して、そのように事を進めると、スムーズに席へ案内ができる。

遅れてきたお客に対しては、通常通りの声掛けで、

「いらっしゃいませ、ご予約は？」

から始め、お客が店内をキョロキョロ見回しているならば、

「いらっしゃいませ、お待ち合わせですか？」

と、同じようにその人が置かれている現状を引き出せばいい。あとは確認した後に、

「はい、おうかがいしております」

「はい、お先にいらっしゃっております」

と言いながら案内すればいいだけだ。

予約の人数から変更になった場合

本来なら予約人数の変更は、わかった時点で店に連絡を入れるのがお客側のマナーである。しかし、当日急にキャンセルされて連絡を入れる時間がなかったり、（1人くら

いだし、まっいいか）と考えているお客もいる。

人数が減った場合は、その予約客のために用意していた席の広さが適正かどうかを改めて判断し、その後の予約状況を確認してから、用意していた席とは別の席に案内してもいいだろう。三名でテーブル席の予約が二名での来店になったならば、店としてはその二名をカウンター席に案内し、テーブル席は空けておきたい。

ここで「二名様でしたらカウンター席へどうぞ」と、決めつけるような言い方をすると、言われた方は何となく気分が良くない。

「二名様でしたら、今ならカウンター席もご用意できます」

のように、お客に選択権を持たせる勧め方にした方が印象はいいだろう。人数の急な変更をしたという小さな罪悪感もあり、勧められた席を選ぶお客がほとんどだ。

逆に予約人数より増えた場合は、注意が必要だ。対応できる範囲内であれば、変更を受け入れればいい。ただこの時、その日の予約をすべて把握しており、瞬時に対応可能だと判断できた場合でも、

「そうですか…少々お待ちください。確認してまいります」

と、やや勿体つけた方がいい。すぐに受け入れると、お客に（急に変更してもなんとかなる店だ）というイメージを持たせてしまうからだ。

またこのひと言でお客は一瞬焦り、（今度からは気をつけよう）という気持ちになる。次につなげる接客として覚えておいてほしい。

また、明らかに対応できないほどの増加であれば、これはもう断るしかない。店のキャパシティには限界があるし、何よりこの後に来る予約客たちに迷惑をかけるわけにはいかない。理由を丁寧に説明し、人数を絞るのか、日や時間を改めるのか、お客に判断を委ねればいいだろう。

予約をしていないお客

次に、予約をしていないお客に対しての接客について。

予約の有無を確認する声掛けまでして、予約がない場合は、まず案内できる席があるかどうかを確認しなくてはならない。現状で席が空いていても、30分後には予約のお客が訪れるリザーブ席かもしれないからだ。

その際、席種や禁煙・喫煙の希望などもあらかじめ聞いておくと、何度も質問を繰り返さなくていいので、つつがなく次のステップへ進むことができる。

確認して案内できる席があれば、お客に、

「お待たせいたしました」

とその旨を伝え、

「○名様、ご来店です」

と、他のスタッフに聞こえるように声を掛けながら席へ案内する。

席は空いているが、お客の希望通りの席ではなかった場合は、やはりその旨を伝え、

「ご希望の席が空き次第、ご案内いたします」

などの提案を添えるといいだろう。そして、お客の希望する席が空き、片付けからセッティングまでが終わったら、別の席に通していたお客に、

「お待たせいたしました。ご希望の席がご用意できましたので、よろしければ…（セッティング済みの席を軽く手で示す）」

と伝え、あとはお客の判断となり、スタッフはその判断に沿った対応をすればいい。

満席や予約でいっぱいの時の対処法

どうしてもすぐに案内できる席がない場合は、お客にその旨を正直に伝えるしかない。「もう少しで空くと思います」のようないい加減な返答をして、とりあえずその場に引き止めたとしても、実際は待てど暮らせど席が空かない…ということになれば、お客のイライラは募り、店への印象はすこぶる悪くなる。

このような場合の対処法として有効なのは、

「お席がご用意でき次第、お電話いたしましょうか?」

という言葉をかけることである。

これは(今すぐに案内するのは難しいですが、席が空いたらあなたにまっ先に連絡をしますので、ぜひお越しいただきたい)というニュアンスを含んだ言い回しにも感じるため、お客は悪い気がしない。

もちろん、一度退店して他の店などで時間を潰してもらうことにはなるが、

「もし気分が変わったり、時間的に難しくなられましたら、遠慮なくお断りくださいね」

「その際に、ご都合が合わなければ、お断りいただいてかまいません」

などと合わせて伝えておけば、お客もさほどプレッシャーに感じることなく他店で時間を過ごすことができるはずだ。

ただし、個人情報を教えることにためらいを感じるお客もいるため、困った表情をしたり、言葉を濁すような態度が帰ってきた場合は、無理強いせずに、

「では、次回はぜひご予約していただければ…」

「またよろしくお願いします」

と伝えて見送ったほうが無難である。

予約の電話から、接客は始まっている

ところで、予約電話についての注意点である。

電話などで予約を受ける時のマニュアルは、店ごとにそのスタイルに合ったものが用意されているだろう。希望の日時と人数、名前、連絡先などは最低限聞かなくてはなら

ないことだが、予約当日、よりスマートに案内するためには、カウンターかボックスかといった希望の席種や、禁煙・喫煙などといった細かな要望も、このタイミングで聞けるならば押さえておきたい。

さらに、電話で話す際の声のトーンはやや高めにし、聞き取りやすい発音を意識するだけで、相手の印象はかなり違う。めんどくさそうな声で「はい、はい…はいわかりました」と復唱もせず、ただ聞いてメモしているだけでは、(わざわざ予約をしてくれてうれしい)という思いは1㎜も伝わらない。むしろ(予約をしたけど、電話口の人の感じが悪いから行くのはやめよう)ということにもなりかねないので、注意するべきである。目の前にそのお客がいると思って話すよう心掛けることが大切だ。

また、誕生日のように予約者が同行相手にサプライズを仕掛けるようなイベントや、時にはプロポーズのお手伝いをあらかじめ頼まれることも、バーではたまにある。

このような場合は、さらに細かな話を聞かなくてはならない。事前にケーキや花束の持ち込みがある場合はその時間を、お祝いのシャンパンを出すならばどのタイミングで出すかといったことだ。

もちろん店でできること・できないことを明確に提示し、無理難題やほかのお客の迷惑になることは避けつつ、できるだけ理想に近い形で過ごしてもらえるようサポートするのも、時には大切だ。

親身に、そして的確な対応ができれば、お店への信頼度はグッとアップし、次回以降の来店につながるだろう。

手荷物や上着の預かり

来店されたお客が席に着く前の接客に、もう一つ大事なポイントがある。手荷物を預かる場合である。

店でクロークルームを用意している場合は、お客を席へ案内する前に不要な荷物や上着などを預かるというプロセスが加わる。傘は店の外もしくは店内の入口付近に傘立てを用意している店が多いと思うが、高級な傘や乾いた状態のものなどもクロークルームで預かることができるようにしておくと、お客はより安心できるので覚えておきたい。

預かる際は、例えば、

「よろしければお預かりしましょうか?」

という言葉に留め、あとは(預かりますよ)という動作を付け加えるくらいが、お客は焦らず預けるものの選別がしやすくなる。

ただし、預かった荷物に関しては、

「では、お鞄とコート、傘をお預かりします」

などと、確認のために必ず内容を復唱する習慣をつけたほうがいい。預けた・預かっていないという揉め事を起こしにくくするための、自己防衛手段のひとつになる。

渡し間違い、盗難を防ぐために

退店の際の渡し間違いをなくすための仕組みも、店のクロークルームの造りに応じてスタッフ間で徹底したルールを決めておくことが大切である。なぜなら、渡し間違いは店の信用問題に直結する。しかも、こうしたときに限ってなぜか高額なものであったりもするからだ。

ルールとしては、例えば荷物にテーブルナンバーの番号札を付けたり、テーブルや席ごとに決めた場所に保管したり、ホワイトボードなどに預かった荷物の詳細を記載したりと、その方法はさまざまだ。

そして、可能な限りクロークルームはいつもスタッフから見える位置に設け、鍵を付けて盗難にも気を付けたい。既存のクロークルームに鍵が付いていない、これから付けるとなると扉の交換や工事など多くの費用がかかってしまう、という店もあるだろう。

お客からの信用を落とすことに比べたら、費用をかけてでも施工したいところだ。しかしどうしてもすぐに費用を捻出するのが難しかったり、構造上不可能だということであれば、人間の心理を利用した方法をひとつ紹介しよう。

それは、クロークルームの扉の外側にワンタッチで開閉できるような簡単な後付タイプの鍵を設置することである。

「それだけ？」「外側に簡易的な鍵を付けたって盗難防止にはならないじゃないか」と思うだろうが、確信犯ならいざ知らず、でき心でわざわざ閉めてある鍵を開けてまで中の物を盗ろうとする人間は、意外と少ないものだ。鍵が付いていることで（この店は盗難に気を付けている）という印象も与えられるので、さらに抑止力が働く。

百均グッズで揃えられるような部品を使って短時間でできる簡単な対策なので、心のどこかに気になる点がある人は、ぜひ試してみてほしい。

オーダー

お客を席に案内をしたら、いよいよ本番。以下は、テーブル席のある店の場合も、カウンターのみの店の場合も同じである。

まずは然《しか》るべき順でお客におしぼりなどを出しつつ、お客の様子をうかがう。このタイミングですでにオーダーが決まっているようであれば、そのままの流れでオーダーを受け、カウンターにそれを通せばいい。提供時間の速さも、接客の大きな要素だからだ。

そうでない場合は、席を担当するスタッフ（もしくはカウンター内のバーテンダー）からの挨拶に始まり、気候のことや時間帯のことを考えながら、

「いかがなさいましょうか」

とこちらから聞くことがスタートである。

バーは、食前と食後のどちらにも利用される業態のため、早い時間帯の来店であれば、可能な限り、

●お客が食前なのか食後なのか、

●そしてどんなものを食べる予定・食べた後なのかを、あくまでさりげなく確認し、その状況に適した商品をすすめるようにするといいだろう。

例えば「天ぷらを食べてきた」と答えたお客に対しては、

「国産のいいレモンが入っておりますので、まずは口をさっぱりさせる感じはいかがでしょうか」

といった具合にである。決め打ちで商品名を挙げるのではなく、味のイメージがしやすいよう方向性を提案するのがスマートな印象を与える。押し付けがましくならないようにすることが大切なのだ。

お客の着席後、オーダーを受ける際の対応はメニュー表の有無によっても大きく異なってくるので、次にオーダー時における店のスタイル別に記述していくことにしよう。

メニュー表がある場合

店側が目的を持って、「これを注文してほしい」「こういうものもありますよ」と明確にお客に出せるものを示すことができるのがメニュー表である。

メニュー表には、カクテルや料理の簡単な説明、味わいの特徴など、お客から質問されると予測できることをあらかじめ記載しておく。そのことで、おおよその接客が文字のみで成り立つ、ある意味便利なツールだ。

写真などを多用したきれいで真新しいものや、ジャンルやテイストごとに整然と書き記されたメニュー表は、見ているだけでも意外と楽しいもので、店がお客に与えたい印象をわかりやすく伝えるということに関しては、とても使いやすい。

ただし当然のことながら、お客とスタッフとの会話は少なくなる。このため、店のカラーを打ち出した接客はいささか難しくなるだろう。したがって、メニュー表ではいいたいこと全部を書かず、お客が質問できる部分や店側から追加で説明できる部分を残しておくことも考えたい。

ＰＯＰも同様で、店が数を出したい食材や、おすすめ・季節商品などを分かりやすく提示することでお客の目に留まり、その商品の注文率を上げるのに効果的だ。

ただメニュー表でもＰＯＰでも、その一部が破れたり汚れているものや、価格を手書きで修正したもの、記載してあるメニューの提供ができなくなったため上から塗りつぶしたりシールを貼って隠しているものなどはいただけない。一気に生活感が出てしまい、非日常空間であるべきバーの雰囲気にはそぐわない。ぜひとも定期的なメンテナンスや作り替えにも気を配りたいところだ。

メニュー表がない場合

何百種類というボトルを置き、オールドボトルといった数が限られているものも豊富に揃えているバーでは、バックバーがメニュー表であり、バーテンダーこそが歩くカクテル辞典である。そのため、店で提供できる全商品を記載したメニューを作るというのは困難を極める作業になる。誰もが知っているようなスタンダードメニューを記載した必要最低限のもの以外、メニュー表を用意していないという店も多い。

これこそがバーの接客が注目される理由のひとつであり、お客がバーで過ごす時間の醍醐味《だいごみ》でもある。そんな何百種類とあるメニューから、バーテンダーはその時お客が欲しているものを的確に選んで提供するために、多彩なアプローチ方法を持っている。

例えば、質問攻めにはならぬよう、しかし的を得た、お客が答えやすい問いかけでその人の好みを探っていく。

さらに、ある程度お客の口に合いそうなものが絞れたとしても、「コレ！」と決め打ちするのではなく、何種類か名前を挙げてみたり、味の方向性を提案したりして、お客に選択の余地を残すことも大切だ。そうしたやり取りの方がお客の興味をそそり、この後で出される商品への期待感を高めていくのだ。

スタッフの力量が試される場

メニュー表がない場合で大切なのは、全スタッフがその日提供できるメニューを把握していること。そして、各スタッフがお客に対してわかりやすく、明確に商品をイメージしやすい説明や提案ができるかということである。同じメニューでもスタッフによって説明の仕方が変わるのも、おもしろさのひとつになるかもしれない。

ただ、このような方法を続けていると、語尾や接続詞などに個々の癖が出てくることが多くなってくる。

わかりやすい例を挙げるならば、「今日のおすすめは○○ですとか、□□ですとか、△△ですとか…」と、丁寧に具体的なおすすめ商品をいくつも伝えようとするあまり「ですとか」を無意識に連発してしまうのである。

オーナーやスタッフなどが聞いていて気になった時は、営業後にお互いに注意し合う習慣をつけるといいだろう。

この習慣は、自分の仕事をしながら、他のスタッフの対応を見たり聞いたりすることができるような〝視野の広さ〟が身につけられるのはもちろんのこと、指摘・教育＝自身の学び直しの機会にもなる。人に注意をすることで、自分自身も気をつけようと思えるからだ。

店が目指す売り方のスタイルと、その日のおすすめの軸がきちんと定まっていれば、スタッフが何人いようが、それぞれ方向性がバラバラの提案をすることはまずない。結果として、メニュー表がなくてもおのずと売りたいものが売れる仕組みができあがってくるのである。

オーダーなのかワガママなのか

何度も店に足を運んでくれるようになったお客であれば、それだけ店側は、そのお客の趣味・嗜好への理解が深くなる。そのため、店に入ってからの行動も予測できることが多くなるだろう。例えば、いつも好んで座る席や、必ず一杯目に飲むものといったことがそれにあたる。

そのお客とともに積み上げてきた時間があるからこそ、「何か一杯ちょうだい」という言葉にも、スタッフは柔軟な対応ができる。一見客が席に着くなり同じオーダーをするのとはわけが違う。何か提案をしようにも、一見客では情報が少なすぎるからだ。稀《まれ》にこちらを値踏みするように、あえてこのようなオーダーをする〝お客もどき〟もいるが、大体においてそのお客に悪意があることはない。

このような場合は、

●カクテルやウイスキーなのかジャンルを聞いたり、

●普段どんなものを飲んでいるか、

といった質問は許される範囲だ。あとは経験と知識をフル動員して、当り障《さわ》りのないものを提供するに限る。

ほかにも、通い慣れている別の店（仮にA店とする）のスタイルを持ち込もうとするお客もいる。A店はそのお客のお気に入りで、ここでもそのような対応をしてほしいという、ある意味よその家に土足で上がり込むようなオーダーである。

グラスの冷やし方ひとつ取っても、氷を入れたり、冷凍庫に入れておいたりと店によって方法はさまざまであるように、それぞれの店のスタイルがある。そこに他店のスタイルを持ち込まれ、自分の店のスタイルを否定されたとなれば、いい気分にはならないだろう。

しかし、そのお客の目線に立って考えてみると、慣れ親しんだ〝自分（がお気に入りの店）のスタイル〟であり、少々マナー違反な感は否めないが、もしかしたら純粋に良かれと思って言ってくれているのかもしれない。

だからこそ、そのお客の気持ちを察しつつ、否定形にならないような言葉を慎重に選びながら、こちらのスタイルに誘導していくことが重要になってくる。

「なるほど（そうですね）、その方法もいいですね。でも今日は当店の方法を試してみませんか」

というようにだ。

対応できる・対応できないではなく、あくまで、

「今日はこの店を楽しんでくださいね」

という、自店にプライドを持ったスタンスからブレないことが大切で、決して何でもかんでも「かしこまりました」と答えるイエスマンになってはいけない。

もちろんこちらのコンディションにもよるが、先述したような言葉を素直に聞き入れてくれるようなお客であれば、二杯目以降に、

「先ほどお話されていた方法で作ってみました」

というような、振り幅の大きいサービスも効果的かもしれない。ただし、これは相手が調子に乗りすぎないお客かどうかということを、きちんと見定められるようになってから実践してほしい。

便利な言葉「そうですね」

前述したようなワガママなお客が最もイメージしやすいと思うが、こちらが困ってしまうことを言い出すお客や、間違った知識を正しいと信じ込んで話しているお客に対して、どうしたら不快感や羞恥心をできるだけ与えずに、断ったり訂正したりできるかということは、とても悩むところである。

そうした時に覚えておいてほしいのが、発言の最初につける「そうですね」という言葉だ。

この言葉には、

①相手の発言に対して、同意する時

②何かを考えている時

③とっさに言葉に詰まった時

④相手の発言をやわらかく否定・訂正する言葉の前に

など、様々なシチュエーションで使用することができる。

特に④の場合は、肯定の意味にも取れる言葉でワンクッション置くことで、否定・訂正の言葉をやわらかく相手に伝えられる効果がある。

わかりやすい例を挙げてみよう。

お客：「バーボンのシーバスリーガルってある？」
スタッフ：「そうですね…そういうのもあるかもしれませんが（間違っていても否定はしない）、当店のこちらは（手で差しながら）スコッチウイスキーになります」

のように、可能な限り「違う」という言葉は使わないのがベターだ。

カップルの男性側や、同僚客の上司側がこのような発言をした際に、そのお客の顔を潰さず、同行者に対して恥をかかせることも少なくなるだろう。

ただし、あまり連発しすぎると口癖になってしまい、せっかくのオールマイティ具合が薄れてしまう。また、お客やほかのスタッフにわざと真似されることも出てくるので、使用する頻度にはくれぐれも注意してほしい。

初めて来店したお客

世間から一流とされているオーセンティック・バーで多く見られるのは、どんなお客に対しても一定の距離を保った接客シーンである。

常連客であろうが著名人であろうが、明らかにスタッフより年齢が下回っているように見えるお客であろうが、常に丁寧な口調で平等なサービスを提供する姿勢こそが、プロというものである。

数席ほどの小規模なバーや個人経営の居酒屋などでたまに見かける、常連客と店のオーナーが話し込んで盛り上がり、それ以外のお客はいつまでも蚊帳《かや》の外…といったシーンは、こうしたバーではほぼないと言っていいだろう。

現代では、店の公式ホームページはもちろん、自由にクチコミが書き込めるグルメサイトや個人が発信するブログ、SNSなどで簡単に情報が手に入る。そのため、店に来慣れた人が同行する場合以外は、初めて訪れる店について何かしら下調べをしてから足を運ぶということが一般的になってきた。

どんな業種の店のかたも、初来店のお客にも関わらず、店の雰囲気や大まかなメニューなどを把握しているお客が多いと感じることが、ここ数年はよくあるのではないだろうか。そうした環境において、星の数ほどもあるバーの中からこの店を選び、わざわざ足を運んでくれるということは、すごい確率である。だからこそ、お客に対する心からの感謝を忘れず、楽しんでもらいたいという基本に忠実であれば、接客に格差が生じることはないはずだ。

初めて店を訪れた〝一見客〟と呼ばれるお客をはじめ、どのお客も、迎える側にとっては店の扉をくぐった瞬間からは、誰もが分け隔てない〝大切なお客〟であることは間違いない。しかし特に一見客は、これから長く通うことになる新たな〝常連客〟になるかもしれない可能性を秘めているだけに、相応の配慮は必要だろう。

その場合、同じ〝一見客〟でも、お客のタイプによって接客する際に気を付けるべき点は変わってくる。次からはそのタイプ別に、その特徴や細かな分類などを具体的な例を挙げながら記述する。

バー初心者

【特徴】

・周りを見回したり、動きに落ち着きがない
・必要以上に緊張しているように見える
・アルコール度数が高いメジャーカクテルを最初にオーダー
・ほとんどの場合「こういうお店、初めてなんです」と自己申告がある

バーの世界に最初の一歩を踏み出した、まさに〝愛すべき初心者〟である。比較的若い世代のお客が多く、興味と緊張が入り混じった様子は、自身のバー初体験を思い出すなどして、見ていて初々しさを感じることも多いだろう。

ただし、バーというものに対する印象がこの来店で決まるかもしれない、ということを忘れないようにしたい。ある意味、責任重大なポジションでもある。もし何かしらの対応で気分を害したり、初心者だからという理由で恥ずかしい思いをすることがあれば、そのお客はバー自体に二度と足を運ばなくなるかもしれないからだ。

【分類】
・受け身タイプ
・頭でっかちタイプ

初心者にもいくつかタイプがあるが、大きく分類すると「初めてバーに来たので、いろいろ教えてほしい」という素直な〝受け身タイプ〟と、入念な下調べの結果、実践を伴わない知識量だけが豊富な、いわば〝頭でっかちタイプ〟ではないだろうか。

前者の「受け身タイプ」は、ある意味、生まれたてのヒヨコに接するような気持ちで対応するのがいいだろう。お客に対するいつも通りの丁寧な口調や姿勢は崩さないながらも、やや柔らかなトーンで例えを織り交ぜながら会話をし、バーというものを楽しみつつ知識を深めてもらうような接客が好ましい。

威圧感を与えることなく、かといってへりくだり過ぎない距離感というのは、お客のことを〝自分の少しだけ遠縁の叔父にあたる人〟だとイメージして接するという表現がわかりやすいかもしれない。

また、あきらかにお酒を飲み始めたばかりの年齢だとわかるお客で、グイグイと距離感を縮めてくるような無作法さを感じた時は、こちらの言葉づかいは崩さないよう気を付けつつ、あえて〝お客の5cmだけ上から〟というイメージで接客することが効果的な場合もある。

どちらにせよ、そうした接しかたをすることで、お客の側も友達感覚にはならず、いい距離感が保てるはずだ。

「頭でっかちタイプ」には、知らないことや慣れていないことが恥ずかしいと感じるタイプが多いので、いささか厄介な場面に出くわすこともある。特に多いのが知ったかぶりだ。

カクテルの本を読んで知識を身に付けてきたであろうと思われるお客が、飲んだことがないカクテル名を次々に注文することがある。いくらお金を払えば好きなものが好きなだけ飲める場所であっても、バーテンダーからすれば、好みに合った味をおいしく感じられる順番で味わってほしいのが本音だ。できるだけ自尊心を傷つけぬよう、やんわりと軌道修正できる接客スキルを身に付けていただきたい。

同じパターンで、居酒屋などで提供しているオリジナルカクテルの名前を告げられることもある。実在し、お客もおそらく飲んだことがあるカクテルなだけに難しい。

こんな場合は決してバカにせず、

「（勉強不足で）申し訳ありません。そのカクテルは存じ上げないです。もしかしたらそのお店のオリジナルメニューかもしれませんね。もしそれがお好きならば、使用しているお酒や色、味などがわかれば教えていただけますか。似た味のカクテルをお作りしてみます」

と返したい。

そのカクテルを、何となくだが知っている、もしくはお客からのオーダーに「○○という店で飲んだことがある」や「この前のコンクールで優勝した」、「映画の□□に出て

きた」というようなキーワードが含まれていた場合は、臆することなく、

「ちょっと調べてみますね」

と伝え、パソコンやスマートフォンで調べられる環境があれば、すぐに調べればいい。

お客は（自分のために調べてくれている）とは思えど、（バーテンダーなのに知らないの？）と思うことはまずないはずだ。


また、ヒントが少ないという似たパターンで、たまに遭遇するのが、

「私（もしくは同行者）をイメージして、何か1杯作って欲しい」

というオーダーである。

一見客であれば、相手についてのヒントやキーワードが少なすぎて困ってしまうだろう。この場合はネット検索の代わりに、こちらからいくつか質問をしても問題ない。

「そうですね、何か好きなお酒や苦手なお酒はありますか？」

「今日は何かお祝いですか？」

と質問し、お客の口から「誕生日」「壮行会」「などのキーワードを適度に聞き出したい。

あとはこれまでの経験と自身の技術を活かして、適した由来や言葉を持つカクテルを用意するといいだろう。考えられるパターンごとに、いくつか引き出しを持っていると、こうした時にとても有効だ。余裕があれば、

「アディオス・アミーゴスというカクテルです。〝さらば、友よ〟という意味があり、ラムベースの…」

と、選んだ理由や、何を使ったカクテルかを説明し、

「ご栄転とのことでしたので、キリッとしたテイストを少し際立たせて、私からの壮行の思いも込めさせていただきました」

のように、〝あなたのためのアレンジをしました〟とアピールするのもいいだろう。

いずれの場合でも、

お客の発言や行動を否定せず
↓

きちんと理解したうえで、事実や現実をやんわりと伝え
↓
解決策の提案をする。

という流れの会話ならば、とてもスムーズでスマートだ。これなら角も立たず、もしかしたら新しいメニューのヒントが得られる…などということになるかもしれない。

場慣れしている・他からの紹介

【特徴】
・着席までの動きがスムーズ
・メニュー表がなかったとしても動揺しない
・オーダーに慣れていて、内容も的確
・紹介の場合「○○の□□さんから紹介されて」と自己申告がある

普段からバーに行き慣れていて、何かしらの理由・きっかけがあり、初めて訪れたお客である。その人が普段行きつけにしている店からの紹介をはじめ、テレビや本、イン

ターネットで評判を見かけて、たまたま前を通りかかって…など、ここに至る経緯は挙げればキリがない。

どこかの店や自店の常連客からの紹介といった場合は、紹介してくれた人の評価を下げるようなことがあってはならない。ただ、「このお客の好みなら、きっとこの店が合うはずだ」という推測があるからこその紹介が大半なので、必要以上に気負わず、普段通りの接客を心掛けたい。

バー自体に慣れている分、目や舌は肥えている人が多いため、場合によっては「この店はどの程度のものか」と値踏みされているような感覚になることもあるだろう。そうした時も、決して無理をせず、できるだけ平常心でいつもと変わらない接客をすることが大切である。

【分類】

・バーでの過ごし方を心得ているタイプ

・比較や悪口が過ぎるアピールタイプ

バーによく足を運ぶ人は、その独特な雰囲気や、そこで過ごす時間を大切にしていることが多い。場数を踏んでいるからこそ自然でスマートな振る舞いが身に付いており、バーにおける暗黙のルールなども熟知している場合がほとんどである。

接客していて適度な緊張感はあるにせよ、店のスタイルを明確に打ち出しつつ「いかにこの店を楽しんでもらうか」という点に集中できるだろう。オーダーの際のこちらからの提案も打てば響き、非常にやりやすいタイプだと言える。

ただし逆に、自分がバー慣れしていることを必要以上にアピールしてくるお客もいるので注意が必要だ。有名なバーの店名を羅列し、「行ったことがある」と自慢することなどがわかりやすい例だろうか。ただ、この程度ならまだかわいい方だ。

度を越すと「あの店ではこうだった」という他店との比較が始まり、同じメニューやサービスを強要してくる場合もある。

この場合も頭ごなしに否定はせず、

「そうですね、とてもいいメニュー（サービス）だと思います。でもせっかく当店にいらしているのですから、今日は当店の味（当店流のおもてなし）を楽しんでください」と、サラリとかわすくらいの余裕を持っていたい。

また、比較や自慢が行き過ぎると、それが他店の悪口に発展していくことも少なくない。もしかしたら、周りに座っているお客の中にその店のファンがいるかもしれないので、同調して一緒に悪口を言うというのはもってのほか。できるだけ早くその話を断ち切って別の話題にすり替えるのがベターである。

そして、できる限りチェイサーや灰皿の交換、オーダーといった最低限の接客以外では近づかず、会話をするきっかけを作らないようにするのも手だ。

ちなみに、このタイプのお客は、他店でこの店の話題を持ち出す可能性がすこぶる高い。そのあたりにも十分注意して接客にあたりたい。

同業者

【特徴】
- 入店から着席までの視線の動きが鋭い
- 着席してからはあまりキョロキョロしない
- スマートな注文もしくは挑戦的な注文
- 最初に素性を明かし、挨拶される場合も

店の知名度が上がると、それに比例して同業者の来店も増えてくる。リサーチだったり、純粋に人気の店に行ってみたいからだったりと、来店理由はそれぞれあるだろう。

しかし（あれ、もしかして同業者?）という考えが頭の中をよぎった瞬間から、（なんとなくやりにくいな…）と感じるのが正直な思いだろう。

また、同業だからこそ働くの勘なのだろうか、長年バーテンダーをやっている人ほど（このお客、同業者っぽいな）と気付くことも多いのではないだろうか。

ただ、相手が素性を明かそうが隠していようが、店の中に座っている以上はお客であ

る。見栄を張ってやたら格好をつけたりせず、普段通りの接客をした方がボロも出ず、結果的にいい印象を与えることになるはずだ。

【分類】
・素性を明かすスマートタイプ
・バレバレの質問責めタイプ
・やたら挑戦的なタイプ

来店し、着席～オーダーくらいのタイミングで「□□というバーをしている◯◯と申します。（本日は勉強させていただきます）」というような挨拶があり、メジャーなカクテルやウイスキーを二～三杯飲んでサッと引き上げる。何ともスマートなタイプだ。

前もってオーナーの出勤予定を確認し、自分の素性を明かした上で混み合わない時間帯に予約を入れてから来店するという、とても潔《いさぎよ》いタイプもいる。このような来店であれば、同業者だとしても気持ちよく対応したくなるはずだ。自身が他のバーを訪れる機会があるならば、同じような行動ができる度量でありたい。

一方、こうしたお客の中には、一般客を装いつつも挙動は一般的ではなく、「◯◯には何を使っているのか」や「これはどこで仕入れているのか」などといった。やたら質問ばかりしてくるタイプもいる。

もちろんお客であるから蔑《ないがし》ろにできないのが悩ましいところだが、あまりにも度が過ぎる場合は、満面の営業スマイルで、

「企業秘密です」

「業務用なので、あまり一般には売っていないかもしれませんね」

ぐらいは言い放ってもいいだろう。察しのいい相手なら（あ、これはバレてるな）と思い、観念して素性を明かすか、早々に会計をして退店するだろう。

なかには、忙しいタイミングでわざと手の込んだカクテルのオーダーをしたり、無理難題を提示してこちらの対応を窺ったりするような挑戦的なタイプもいる。

しかし、そこで対抗心を燃やしていたら、相手の思うツボである。まったく気付いていないフリをして、涼しい顔でそのカクテルを作って提供したり、前述したような〝否

定せずに自店のペースに少しずつ引き込む対応〟をして、相手の出方を見るのもひとつの手だ。

常連客

店の雰囲気やカクテルの味、そして接客スタイルなどを気に入って、何度も足を運んでくれるお客というのは本当にありがたいものである。必要以上にへりくだる必要はないが、感謝の気持ちは忘れることなく持ち続けていたい。

来店回数が重なるうちに、そのお客の好みやちょっとした癖、お酒の強さなどが分かってくるはずだ。これらを踏まえた接客はワンランク上のものであり、お客も（自分のことを覚えてくれているのだな）とか（お客として大切にされているな）など、ちょっとした特別感が感じられるため、心地いい気分になることが多い。可能な限り顔やタイプを頭に叩き入れ、より店のファンになってもらうような接客を心掛けたい。

ただし、いくら常連客だといっても、お互いがなぁなぁになるような節度のない接客はご法度だ。当人同士は楽しいかもしれないが、周りで見聞きしているお客は疎外感を感じるため、いい気分にはならない。店としての礼節や軸となる距離感は、決してブレないよう注意してほしい。

常連客にだからこそできる接客

お客の店での過ごし方に特徴が見えてきたら、それぞれに合った接客にシフトチェンジしていくといいだろう。案内する席ひとつでもそれは表現できる。

モルト系を好むお客であれば、そのボトル類が多く並ぶバックバーの正面の席が楽しめるかもしれない。バーテンダーとの話を楽しみに訪れるお客であれば、バーテンダーが立つ場所に近い席へ。逆に予約が多くて混雑が予想される場合は、そのお客だけへの対応が難しくなるので、あからさまにならない程度にバーテンダーから離れた席に通すという調整も可能になる。

すすめるカクテル類にしても、好みや普段の懐具合がわかっているからこそ、よっぽど的を外すこともなくなるだろう。

「たまには、こんなものもいかがでしょう」

と、普段とは違うものを提案して、お客の嗜好の中に新しいジャンルを開拓するきっかけを作るのもいい。

一見客との間に生まれる適度な緊張感も、バーテンダーとしては楽しく感じる人がいるかもしれない。しかし、見知った相手への知恵を絞った提案が受け入れられ、今まで以上に店や自分のことを気に入ってもらえた時も、バーテンダー冥利《みょうり》に尽きる瞬間と言えるのではないだろうか。

距離感が近すぎる人への対応

自他ともに常連客だと見なされてくると、もっとオーナーやスタッフとの距離を縮めて、常連客のなかでも抜きん出た特別な存在になりたいと考えるお客もいる。それは、時にオーダーや立ち居振る舞いなど、何気ないところで〝俺、常連だから〟というアピールをしながら、無理難題を押し付けてくることにつながる場合もある。

また、閉店後や定休日といったプライベートな時間を一緒に行動したがるというようなことにつながることもないわけではない。これは、前述の〝特別感〟を履き違えてしまった異性（たまに同性の場合もあるが）から、恋愛感情が絡んだアプローチをされるという、正直なところ少し嬉しいながらも困ってしまうケースにも同様のことが言える。

このような場合は、〝あなただけが特別なわけではない〟と明確にするために、周りにいるほかのお客にも同じ言葉をかけたり、同様のサービスをしたりするなどのアピールがとても効果的だ。こうしたことで、当事者が（自分だけではなかったのか）と気付いてくれることも多い。

それでも、ワガママを言ったり誘って来たりする時は、そのたびに理由をつけて断っていい。

店での楽しみ方の方向性を間違ってしまったお客は、残念ながら遅かれ早かれ常連客ではなくなるケースがほとんどだ。断ったことで店を訪れなくなるようなお客は、自分が目指す店のスタイルには合わなかったと割り切って、店の雰囲気を維持していくためにもきっぱり諦《あきら》めるようにしよう。

身内・プライベートでの知人

（ちゃんと頑張っているだろうか）と我が子が心配で、（友人がやっている店はどんなところだろう）という興味で、身内やプライベートでの友人・知人が店を訪ねてくる場合もある。こうした時の対応は、特に気を使う部分である。身近すぎるがゆえに、非日常な上質空間を楽しみに来ている周りのお客を、一気に現実へ引き戻してしまうキーワードが飛び出しかねないからだ。

可能な限り、周りのお客に関係を悟られないようにすることが一番スマートなのだが、相手によっては聞きもしないことをベラベラと話してしまうかもしれない。プライベート時に、前もって〝店を訪れるならば、絶対に気を付けてほしいこと〟を伝えておくのもひとつの手だろう。

「守ってくれないなら来ないでほしい」

と強めに言うのも効果的だ。

ここでは、実際に訪れた際に気を付けたいことを記述する。

普段以上に言葉と距離感に注意する

自身の家族や親戚、地元の友人や同級生、時には以前指導していた後輩などが店を訪れることもあるだろう。プライベートな自分を知っている相手だと、仕事モードでいる時に会うことに、やりにくさやある種の気まずさを感じる人も多いだろう。

しかし、相手が自分とどのような関係であっても、客席に座っている以上はお客なのだ。周りにいる他のお客と何も違うところはない。

そして、そんな時こそできるだけいつも通り、もしくはそれ以上の仕事モードで、丁寧語・謙譲語・尊敬語を使った話し方を崩さずに接する方がいい。このような対応をすることで、親しい間柄であるほど普段とのギャップに気付くため、あだ名で呼んだり、プライベート丸出しの会話をしてくることは、よほどのことがない限りないはずだ。

空気が読めない身内や知人に対して

それでもアルコールが多めに入った勢いから、前もってお願いしていたことを忘れて、ほかのお客に聞かせたくないプライベートトークが炸裂してしまう人がいるかもしれない。こうなってしまうと、もはや目配せなどでは気付かれず、軽くいなしたり、たしなめたりしても効果が薄い。本当なら一番の味方でいてほしい関係の人が、その場の雰囲気をぶち壊すエアークラッシャーになってしまう最悪のパターンだ。

残念ながら、人の飲み方や酔い方は、そうそう変わるものではない。その場では丁重にお引き取り願い、後日、

「二度と来ないでほしい」

と〝出入り禁止〟を申し渡すのも致し方ないことだろう。長きにわたってコツコツと育て上げた店の品位やそこを訪れる大切なお客、そして自身の立場を守るためにも、心を鬼にしなくてはならない瞬間なのである。

芸能人・著名人の来店

広く世間に顔や名前が知られている立場の人であれば、その周りもしくは本人が予約をしてから店を訪れることがほとんどだ。そのため、どの席に案内するか、周囲に座る

お客の状態はどうかなど、店側は前もって何かしらの準備や配慮がしやすい。

接客する際に心がけたいのは、〝周りのお客に気付かせない〟〝気付いていても触れさせない〟という場の空気を作ることである。

しかし、特別扱いをするわけではない。プライベートな時間を楽しみに来ているのは、他のお客も同じである。扱いが自分と違えば、誰だっていい気はしないだろう。

だからこそ、距離感や言葉づかいはいつも通りでいい。ただ、〝店の人間はあなたに気付いていないわけではないですよ〟ということが伝わればいいのだ。完全個室の店ではない以上、その芸能人・著名人にも（自分に気付いてほしい）と思っている部分が多少はあるからだ。〝まったく知りません〟では、少々寂しい気持ちになるかもしれない。

そんな時は、

「いらっしゃいませ。ご来店いただき光栄です。ぜひご自分の時間をゆっくりと過ごしてください」

というような言い回しが自然だ。

これは、どんなお客にも使える丁寧な挨拶に聞こえる。実際に使ってみても、気分を

害すお客はまずないだろう。ただ、著名人たちに対しては、

「光栄です」＝「あなたのことは存じ上げてます」

「ご自分の時間を」＝「プライベートをお守りします」

という意味が込められているのだ。

たまに、（自分にチヤホヤしてほしい）と思っているタイプもいるが、これは店のスタンスに合わせて判断すればいい。

それよりも怖いのは「あの店には芸能人の◯◯がよく来るらしい」というような噂が立つことだ。その芸能人目当てのお客など、本来なら自店には来ないであろうタイプのお客が増えると、店の雰囲気は一気に崩壊する。

このようなことを避けるために、せめてスタッフだけでも家族や友人などに「今日店に◯◯が来たんだよ」という会話はしないでおきたい。人の口には戸が立てられないので、きつく口止めするよりも最初から言わないに越したことはないからだ。

お客との会話

接客における会話の位置付け

オーセンティック・バーとカフェとの違い

バーにおけるさまざまな魅力の中でも、多くのお客が楽しみにすることが、バーテンダーとの会話である。

ここで大事なのは、自分の店がどんなジャンルの店なのかではなく、店として目指している営業・接客スタイルによって、お客との会話における内容や声のトーン、テンションなどは変わってくるということだ。

ここでも、再びカフェとの対比で考えてみよう。

たとえば、カフェのカウンター席に座ったお客が、スタッフと話し込んでいるシーンというのは、あまり見かけることがない。これは、一般的なカフェの接客スタイルが、店内でお客に好きなように時間を過ごしてもらう、いい意味での〝放ったらかし〟であることが多いからだ。仮にお客から話しかけられた時、その話題を膨らませて、お客との間で長く会話を続けることに重きを置いた接客を心掛けるというカフェは、おそらく世の中でも少数派なはずだ。

それに対してバーでは、そのスタイルにもよるが、オーセンティックなバーほど、前述したカフェのような〝放ったらかし〟は、厳密にはないのが特徴だ。それどころか、バーテンダーの側からお客に話しかける場合も多い。

お客との会話にウエイトを置いた接客

会話とは〝言葉のキャッチボール〟である。バーでも当然のことながら、バーテンダーかお客のどちらか（複数人いる場合は誰か）が話しかけなければ、会話は成り立つことはない。

中でもバーの接客における会話というのは、メニュー表を置かない店では重要である。お客との会話のなかで、スムーズにメニューを説明してオーダーを受けるための必要不可欠なツールだからだ。

さらにお客の中には、この会話（やり取り）を楽しみに店を訪れる人も多い。常連客になればなるほど、バーテンダーとの会話の方が楽しみで来店しているのではないか、という人が多くなるものである。

もちろん、メニューを用意している店でも、オーダー時に多少の会話は必要になってくることは言うまでもない。

ところで、「自分は口下手でどうしてもお客と会話をしたくない」というのであれば、券売機を入口に設置してオーダーを食券制にすれば会計の手間も省け、必要最低限の言葉を発するだけで済むだろう。もしくは、いっそのこと〝味に集中していただくため、店内での私語は禁止〟にするという方法もある。

しかしバーでそれをすれば、物足りなさを感じるお客がほとんどだ。私語禁止に至っては、窮屈すぎて客足が遠のく可能性さえある。

お客がバーに足を運ぶのは、多くはお酒を飲むため「だけ」ではない。大部分はバーテンダーとの会話を通じて、お酒のあるお洒落な雰囲気や、楽しい気分、心まで豊かになれる時間を求めてやって来るということだ。

以上のようなことから、バーの会話はそうした空間を演出するうえにおいて、非常に重非常に重要な部分を占めているといえる。

お客との会話

バーの接客は、飲食業のなかでも特にお客との会話にウエイトを置いていることが多い。そのため、シチュエーションごとに考え抜かれたバーテンダーの会話術を学ぶことで、自分の店でもすぐに使えるテクニックや、そのヒントが見つかるかもしれない。

会話のメリハリ

お客と会話するといっても、ただ世間話をすればいいということではない。実のない話をダラダラ続けていても、お客は退屈なだけで、店に対する印象が良くなることはまずないだろう。

それまでの実生活から一度切り離された、非日常の空間であるバーの店内で、そのひと時を楽しみたいと思ってお客はやって来る。そうした相手を見極めた話題の選び方や、言葉づかいが伴って初めて、バーでの接客としての会話は成立するからである。

ここでは、まずは基盤となる言葉づかいと話題の選び方について記述する。

お客との距離感を大切にする

まず思い出してほしいのが、前章で記述した〝お客との距離感〟である。そして、それを踏まえたうえで、〝会話モード〟と〝仕事モード〟の言葉づかいを意識して、明確に使い分けることが大切になってくる。

その時に、まず注意したいのが、口調である。

これは、店の目指す接客スタイルが軸になるため、それによって多少の違いがある。

フレンドリーな雰囲気の店にしたいのであれば口調や語尾を柔らかく、落ち着いた大人の雰囲気にしたいのであればやや堅めにしっかりとした口調がベースになるだろう。

ただ、どちらを目指すにしても、丁寧語・尊敬語・謙譲語を使った言葉づかいにすることが重要である。

なぜかというと、どんなに仲のいい常連客でも、プライベートな友達ではないからだ。

いくら常連客が親しげに話しかけてきたとしても、こちらがタメ口を使わないことで一定の距離感を保ち、ナァナァの関係に持ち込ませないための線引にもなる。

メリハリのある言葉づかい

だが、同じ調子一辺倒では味気なく、お客も変に緊張してしまって居心地がいい店とはほど遠くなってしまう。ここで効果を発揮するのがモードの使い分けなのだ。

その時の会話のテーマにもよるが、会話中は、

「そうですね。私もそう思います」

といった丁寧語程度にとどめ、できるだけキャッチボールをスムーズに行うことを意識する。楽しい会話が続けば、今まで知らなかったお客の好みや傾向を知るチャンスになるかもしれない。しかし、お客のグラスが空き、次のオーダーを受けるところからは仕事モードに切り替えて、

「次は何をお召し上がりになりますか。よろしければおうかがいします」

というように、尊敬語・謙譲語を使うようにする。

どれだけ会話が盛り上がっていたとしても、そのままのノリで、

「次、何飲みます？」

といったフランクな聞き方はしてはいけない。これはバーテンダー自身の人柄にもよるのだが、フランクな方向に傾きすぎると、せっかく意識して作り上げてきた適度な距離感が一気に崩壊しかねない。

尊敬語や謙譲語を使うことのメリットは、会話の流れや雰囲気に大きなメリハリが生まれ、こちらの仕事に対しての真剣さもアピールできることだ。さらに、オーダーを受

けたドリンクやフードを集中して作っている時、必要以上にお客から話しかけられないというようなオマケが付いてくることも多い。

この方法は、商品提供のタイミングや会計時といった、接客上のキーポイントとなるシーンでも効果的に使えるので、ぜひ試してみてほしい。

天気の話

一般的に話題として提供しやすいのは、その日やここ数日の天気、ネガティブではない時節ネタなどだろう。特に天気に関してはほとんどのお客と共通の話題になるため、会話のきっかけづくりに重宝しているという人は多いはずだ。

しかし天気についてだけで会話を続けるのはいささか難しい。温度や湿度に適したメニューをお客におすすめするなど、あくまでオーダーや次につなげる足がかり的に使うのがスマートだ。

また、スタッフが多い店にありがちなのが、話をするスタッフが変わるたびに「今日はとても暑かったですね」と、何度も天気や気候の話が始まるパターンだ。お客も最初のうちは面白がって笑ってくれるが、何度も重なると、大抵は（今日何度目だよ…）とうんざりしてくる。

もちろん、〝どのテーブルで〟〝誰が〟〝どんな話をしているか〟をスタッフ全員が把握しておくに越したことはないのだが、スタッフが多いということは店の規模が大きい場合がほとんどなので、それは難しいだろう。

このような場合は、店で簡単なルールを決めておくといい。お客に2番目以降に付くスタッフは〝天気の話は禁止〟といったような、一見すると簡単なルールだ。

こうしたルールを決めておくと、必然的にスタッフはお客との会話の糸口を意識するようになる。店内の様子を今まで以上に観察したり、時節ネタを仕入れるための努力をするなど、スタッフの接客スキル向上にも、ひと役買うことになるかもしれない。

話題の選び方

会話のきっかけが作れたら、その流れからオーダーを受けたり、商品の提供後はそれぞれのお客に合った話題で会話を繰り広げたりすることになる。話題はお客によって千

お客との会話

差万別なためここに具体例を記すことは難しいが、話題を選ぶ際の考え方には、ある程度の法則やルールがあることを知っておくといいだろう。

最初の話題に適しているのは、お客が理解しやすく、親近感が持てる内容である。お客がその時飲んでいるものを話題にするのは、まさにこれにあたる。フルーツカクテルであれば、フルーツの産地や栽培方法、グラス一杯に使っているフルーツの量などを、押し付けがましくならない程度に伝えることで、より興味を持って飲んでもらえる。さらに別のフルーツカクテルの話をすることで、次のオーダーにつなげられることもある。

相手が常連客であり、前回店を訪れた時にしていた話題をスタッフが覚えているならば、その話題の続きを振ったり、聞いてみるのもいい。〝きちんと覚えていますよ〟のアピールになり、こちらはお客から店に対しての親近感がぐっと強まる。そうした会話から、徐々に個々に合った話題へシフトしていくといいだろう。

ただし、ここでもメリハリが大切になってくる。堅い話題の後には柔らかい話題というように、意図的にコントロールすることも時には必要だ。

理由としては、堅い話が続いたばかりに、お客の肩に力が入り続けているようではカクテルの味も伝わりづらくなるからだ。また、笑い話が続けば必然的にお客の声は大きくなり、他のお客に迷惑をかけることになるかもしれない。

そもそも、一人のお客と長時間話し込んでいて、ほかのお客に目が行き届かなくなっては本末転倒である。どんな話題の場合でも、会話というのはお客がカクテルの味や店の雰囲気を楽しむために加える〝少々のスパイス〟だということを忘れてはならない。

お客が店を出たあとに（いろいろ話をしたけど、結局は何のことを話したかな）くらいの話題がベストであり、（〇〇のカクテルがおいしかった）（ゆったりくつろげるいい店だった）というように、店の一番の印象が飲んだカクテルの味や店の雰囲気になるような話題選びを心掛けたい。

避けたい話題

会話のきっかけは、お客・スタッフのどちらからという決まりはないので、その時の雰囲気によって入れ替わるが、きっかけとなる話題に関して、避けておいた方が無難なテーマがあるので、覚えておきたい。

お客との会話

こちらから話題を提供する場合は、政治・宗教といった思想に関わることと、野球やサッカーといったスポーツのように各チームにファンがいるものは、避けた方が無難である。会話しているお客だけでなく、その話が聞こえる範囲にいる他のお客の思想や嗜好と異なる場合もあり、そうなると対立しやすく、不快に思う人が非常に多いからだ。

同じように、他店の話題も避けたいところである。スタッフ側は否定的なことを一切言わず、たとえお客から否定的な話が出てそれに同調すらしなかったとしても、聞いていた人の感覚や記憶違いから、思わぬ噂が広がる事態になることがあるからだ。

そのお客や周りで話を聞いていた（聞こえていた）お客が、話題になった店を訪れた時や、さらに昨今であればSNSなどで、

「（あなたの店の）スタッフがこんなことを言っていた」

ということが、話題の当事者に伝わりかねない。いいことならまだしも、誹謗中傷なら取り返しがつかないことになり、大変危険である。

避けたい話題をお客から振られたら

前述のように、自分が避けている話題があるとしても、逆にお客からその話を振られることもあるだろう。そのような場合は、とにかく否定も同意もせずにサラッと受け流すことが一番だ。

「勉強不足で申し訳ないのですが、ちょっと詳しくは存じ上げません」

などと言い、実はよく知っていたり、プロ並みの知識を持っていたりしても、〝知らない〟〝分からない〟で通すに限る。避けたい話題やネガティブな話題は、それ以上話を広げないことに徹するべきだろう。

欲を言うならば、支持する政党の話が出た時などは、

「私はバーテンダーなので自飲党…、自由飲酒党を支持しています」

とか、野球の好きなチームを聞かれた時は、

「実は私、審判ファンなんです」

と、少し方向性を外して、笑いにつなげられるような引き出しをいくつか用意しておくといいだろう。

ただし、お客が不快になるような外し方は避けなければならない。熱く真剣に話している時ほど、チャチャを入れられたと思ってしまうためだ。相手のテンションを見極めて、的確な返答ができるように、場数を踏むことも大切である。

スタッフから声をかけるタイミング

これは、すべてにおいて共通することであるが、スタッフからお客に声をかける際に気を付けたいのが、そのタイミングである。

71ページに記述した〝お客が希望する席が用意できたため、移動も可能なことを案内する〟場合などがわかりやすい例だ。お客同士の会話が盛り上がっているところへ、いくらそのお客が希望したとはいえ、スタッフが割って入ることは絶対に避けたい。

ひとり客でも携帯電話をさわっていたり、何か考え事をしていたり、他のスタッフと話をしていたりすることがあるので、同様の注意をするべきだ。

このような場合は、声をかけようとするスタッフがお客の視界の端に入る位置までそっと移動し、気付かせるといい。そして、お客が気付いた際には、

「お話し中、失礼いたします…」

と、ひとこと添えれば、お客に与える不快感を最小限に抑えることができる。

話に夢中になりすぎて、スタッフが近くへ来たことに気付かない場合は、会話の切れ間を見極めて、同じように声をかけるといいだろう。

会話のおだやかなイニシアチブ（主導権）を持つ

イニシアチブを持つといっても、ディスカッションの議長のような立場というわけではない。自分とは性格が違う人間がお客である以上、自分が選んだ話題だけで会話を続けていくのはとても難しい。前述したように本当は避けたいと思っている話題になってしまうこともあるだろう。お酒が入っているため普段より饒舌になり、その場の空気が読めずに話し続けるといったお客も少なくない。

そうした時には、自然な話し方や振る舞いで、相手に不快感を与えることなく話題を変えたり切り上げるテクニックが必要になってくる。そこで次に、自然な流れで話題を切り替えるための手法をいくつか紹介したい。

声の三要素を意識する

お客と会話中に意識的に使い分けたいのが、前述の言葉づかいと合わせやすい、声のトーン（高低）・ボリューム（音量）・スピード（速度）という、声の三つの要素である。

普段の生活では、こうしたことを意識している人は少ないだろう。しかし、接客の場面では意外と大事で、効果もあるので、意識しておきたい。

わかりやすい例だと、最初にお客にかける、

「いらっしゃいませ」

という言葉だろう。和食店を例にすると——新鮮な魚貝が自慢の活気ある居酒屋であれば、明るいトーン・元気で大きなボリューム・勢いのあるスピードで。板前が立つ白木のカウンターがメインの高級割烹であれば、抑えたトーンとボリューム・落ち着きあるゆったりとしたスピードで——といった具合だ。

このように、トーン・ボリューム・スピードという声の三要素を意識すれば、この言葉ひとつだけで、お客が着席前であってもどんなスタイルの店なのかを強く印象づけることができる。

たとえば、仲間内で盛り上がっている騒がしい状態のお客が入店してきた場合。こうしたお客には、低いトーンの、ゆっくり落ち着いた「いらっしゃいませ」で、〝ここは静かに過ごしてほしい店ですよ〟という牽制的な役割を持たせることもできる。

そこで、店の目指す接客に合わせて、ベースとなる三つの要素を決めておけば、それをスタッフ間で共有することで、店全体の雰囲気の統一化を図ることも可能だ。

声の三要素を使い分ける

声の三要素を意識した話し方は、着席したお客との会話の最中であっても同様で、意識的に使い分けることができるようになれば、さまざまなシチュエーションで会話のイニシアチブを持つことができる。

たとえば話題が予想以上にヒットしてお客が盛り上がり過ぎてしまい、声が大きく早口になってきたならば、こちらはボリュームを抑えてゆっくり話せば、少しずつ会話のトーンやペースを店の雰囲気に合ったものに引き戻すことができるはずだ。

また、メニューを説明する際、おすすめしたい商品の名前や説明を話す時には、あえて直前に間を取って、わざとらしくならない程度に声のトーンやスピードを変えるのも実に効果的である。

スタッフ側にも使える部分がある。どうしてもオーダーが立て込んだり、お客の来店と会計が重なったりしてくると、人は焦りから早口になりやすいものである。こうした状況では、自分自身を落ち着かせるためにも、忙しいシーンほど、あえてゆっくり話すようにしてみてほしい。ただし、作業する手までゆっくりにならないよう、くれぐれも気をつけたい。

会話中に、他のお客から呼ばれたら その1

会話中に他のお客から呼ばれた場合はどう対処するか。これは別のスタッフから声がかかった時なども同様である。

お客との会話の最中であっても、すぐに別のことに対応しなくてはならないシーンは多い。ほかにお客がいなければ、多少話し込んでしまっても大丈夫だろう。しかし、それが日常的な風景になっているのであれば、注意が必要であるし、何より経営的にあまり大丈夫ではないように見受けられる。

店内では常にお客の様子に注意を払い、本来であればお客に呼ばれる前に、こちらが気付くべきであるが、状況によっては難しい場合もあるだろう。そんなときには、自分がイニシアチブを持った会話は生きてくる。話を切り上げるタイミングを、こちらが作りやすいからだ。

これについては、まず前提として、ひとつの話題において自分の持ちネタを用意して置き、その出し具合を調整することも大切になってくる。その話題について5～10段階くらいで長さのバリエーションが用意できれば、より対応しやすいだろう。

満席で忙しい時間帯なら1の長さで話せるようまとめた内容で、比較的落ち着いている状態ならお客の興味の程度に合わせた長さの内容で話す、といったように調整するのだ。このように、話題の〝仕込み〟を事前にしておき、店の雰囲気や混雑具合を読み取って、ほかのお客に呼ばれる（呼ばれそうになる）前に会話をきれいに切り上げるのも、テクニックのひとつだ。

会話中に、他のお客から呼ばれたら その2

以上のように気を配っていても、会話の途中で他のお客から呼ばれてしまった時は、会話を中断するしかない。お客も分別ある大人であれば、その辺りは理解できるはずだ。

しかし、前触れなくいきなり会話を止め、呼ばれた方を向くのはいささか印象が悪い。お客も頭では理解しつつも、蔑ろにされた印象を持つかもしれない。

会話を止める時は、まず呼ばれた方を向く前に、今話している相手を見て、

「ちょっと、すみません」

と、ひと声かけてから視線や体の向きを移動させるようにしたい。その際に片手や両手を使って、顔の近くで謝るようなポーズ（動き）を付けると、それまでの空気を瞬時に変えやすく、お客の小さな不快感も和らげられるはずだ。ほんの一秒弱でできる声かけとリアクションなので、反射的にできるよう身につけておいても損はない。

そして、別のお客の対応を終えたら、

「すみません、失礼しました。で、先ほどの続きですが…」

と、たとえ短時間になることがわかっていたとしても、必ず一度は元の場所へ戻ることを忘れないようにしたい。

会話中の立ち位置と視線

バーではその構造上、テーブル席を除くと、〝カウンターを間に挟んだ状態で、お客と向かい合って会話をする〟というシチュエーションになっている。

次に、このシチュエーションにおいて自分がカウンター内で立つ位置や、会話中の視線に関する注意点を記述していく。

立ち位置

まず、カウンター内での立ち位置である。

カウンター席にお客が座っている時、バーテンダーはその真正面に立たないようにするのが大切である。できれば、カクテルを作るといったメイン作業を行う場所も、客席の配置を考慮し、席の真正面からずらして設計できるといいだろう。

これには二つか理由があるので、順に説明していく。

最初の理由は、お客に対する圧迫感を減らすためだ。オーセンティック・バーであれば、白シャツに黒のベストやジャケット、ネクタイというのがスタッフの一般的なユニフォームである。他のジャンルの飲食店とは、大きく異なっていることが分かるだろう。

この装いをした人間が真正面に立つと、たいていは相手に重たい印象を持ち、見張られているような、ある種の居心地の悪さを感じてしまうことが多い。

そこでバーテンダーは、客席と客席の間に立つことで、お客の前に空間を作る。そこに視界の抜けを作ることで、重たい印象を緩和するのだ。これは、ホール担当のスタッフ側にも通じる部分がある。

お客の真正面に立ってしまうと、自分の視界の大部分がお客で遮られてしまうため、店内への目配りの妨げになってしまう。そうすると、離れた席のお客の動向などに気付くことが遅れ、サービスにも支障が出てしまう。その観点から、スタッフ側としてもお客と正対せず、できるだけ視界の抜けを確保したいのだ。

次に、会話中にお客の真正面に立っていると、会話がマンツーマンの傾向になりやすいことが挙げられる。

この状態になると、お客はバーテンダーとの会話に入り込みやすい。そうすると、こちらがイニシアチブを持ちにくくなったり、会話をうまく切り上げるのが難しくなったりする。そのような事態を未然に防ぐためにも、正面に立つというのは得策ではないことが理解できるはずだ。

視線

お客には、こちらを見据えてまったく視線を外さないタイプもいれば、逆に一切目を合わせないタイプもいる。どちらにしても、会話中は、お客の目を見過ぎないことが重要である。

子供の頃に「人の目を見て話しなさい」と教わったかもしれないが、実際にじっと目を見つめられたまま話をされると、とても窮屈に感じるはずだ。見透かされているようで、どことなく恥ずかしい気分になることもある。これでは、こちらが提供したい〝リラックス〟や〝居心地の良さ〟とは相反することになるので、もし癖になっているのであれば、注意して直すようにしてほしい。

ただ、見過ぎないといっても、何もない宙を見たり、会話や作業に関係ない一点を見つめていたりでは、ちょっと変わった人になってしまう。適度に視線を動かしつつ、時々目が合うくらいがスマートだ。

また、実際には相手の目ではなくどちらかの眉のあたりを見ると、こちらの気分的にも楽になってさらにいいだろう。

視線の動かし方については、相槌《あいづち》やこちらが話すタイミングで、次の三点や四点を順に見ることを意識するとお客からは自然に見えやすい。

すなわち、お客が自分から見て右斜め前にいる場合は、

①話を聞きながら作業に使う道具がある手元を、

②「そうですね」と考える仕草をしながらやや右上を、

③話しながら真正面に作った抜けの空間から離れた席の様子を見て、

④話し終えるタイミングでお客の目（眉）を見る、というような動かし方である。指揮者がゆっくりと指揮棒を動かすようなイメージだ。

話の長さによって点の数を増やしたり、最初と逆の順で動かしたり、といったこともできるので、自分に合った自然な視線の動かし方をぜひ見つけてほしい。

姿勢と動き

立ち位置、視線と合わせて意識したいのが、姿勢である。これに関しても、〝仕事モード〟と〝会話モード〟を使い分けるのが効果的だ。

どちらも立った状態での話になるが、〝仕事モード〟は、体の中心を通った1本の糸が頭頂部から引っ張られているようなイメージで、背筋をきちんと伸ばした姿勢が基本になる。何かを包丁で切ったり、調合したりという手元での作業時も、前かがみにならないよう中心軸を意識すると、所作が格段にスマートに見えるので、覚えておくといいあろう。

一方〝会話モード〟では、やや猫背気味（前傾）に立つと、お客は（自分の話をきちんと聞いてくれている）という印象を持ちやすい。その際に、意識してみないとわからない程度にゆっくり揺れるよう前後に動いたり、同じようにゆっくりと頷く動作を入れたりするのも効果的だ。これは心理カウンセラーなどが患者の話を聞くシーンで取り入れることが多い動きで、やはり（話をしっかり聞いていますよ）という聞き手側のアピールになる。

また、激しくなりすぎないようなゆっくりとした手の動きも取り入れると、さらに、〝一生懸命話を聞こう、しっかりわかりやすく説明しよう〟という姿勢がお客に伝わりやすい。

作業をしながら会話をする際は、〝会話はゆったり・仕事（手）はスピーディーに〟を意識し、手元につられて早口にならないような注意もしてほしい。

ケーススタディ

お客との会話は、性別や人数、二人以上の場合はその関係性、状態によって、内容は異なってくる。ここではバーでよく見かけるシチュエーションを例にして、それぞれの会話の方向性や対処法などを記述していく。

カップルの場合

カップルで来られたお客は、席に着いてすぐ、二人がどのような関係なのかを見抜くのはとても難しい。付き合って間もないのか、それとも夫婦なのか、カップルに見えるが同僚なのか、もしかしたら人には言えない秘密の関係なのかもしれない。

まずは関係性を把握するために、作業をしながら何気ないふりで二人の会話を耳に入れ、情報収集をしたい。これは二人のプライベートを知るための下世話な行為ではなく、関係性を知ったうえで、心地好く過ごしていただくための接客＝会話をするための作業だということを心に留めてほしい。

まず、挨拶で注意したいことから。

男性の側が以前に来店したことがあり、それをスタッフが覚えていたとしても、決してこちらから「先日はありがとうございました」などと言ってはいけない、ということである。

途端に女性は「誰と来たの？」「いつ来たの？」と矢継ぎ早に質問を始めるか、二人の間に無言の気まずい空気が流れることになるだろう。しかも、男性から発言したスタッフへの恨めしい視線のオプション付きだ。

毎回連れている女性が違う男性などにも注意が必要で、その男性から再訪である旨を伝えられたとしても、こちらはその話題は掘り下げないでおきたい。お互いにボロが出る前にメニューの説明などへ移行し、話題を変えた方が無難だ。

基本的に、カップルの場合はお互いが話し相手になるため、スタッフから積極的に話しかける必要はない。仲良く盛り上がっている時に割って入るような会話の仕方は、疎《うと》ましがられるだけだからだ。

だからといって、ただ放ったらかしにするのではなく、水や灰皿などには気を配り、グラスが空いたらタイミングを見て声をかけるなど、〝きちんとしたサービスをするために見ていますよ〟という適度なアピールで、店のスタイルは提示しておきたい。

ただし、付き合いたての初々しいカップルで、うまく会話が弾んでいない印象を受けた場合は、スタッフから飲んでいるものや時節ネタなどのあたりさわりない話題を振り、会話のきっかけづくりをすると喜ばれることが多い。二人の会話が盛り上がってきたら、そっとその場を離れるという、付かず離れずの会話を繰り返すといいだろう。

一見客かリピーターかわからない場合

本来なら、全てのお客の顔を覚えているのが理想だが、記憶力には限界があるため、そうも言っていられない。最初は気付かなくても、席へ案内してメニューの説明をしている時に（あれ？このお客は前にも来たことがあるかもしれない）と頭をよぎることもあるだろう。

そんな時に使いたいのが、

「今日はいかがいたしましょう」

という魔法の言葉だ。

一瞬、リピーター向けの「いつもありがとうございます。さぁ本日はどんなものをお飲みになられますか」という意味に聞こえるかもしれない。しかし、使い方によっては「ご来店ありがとうございます。今日はどんなものがお飲みになりたい気分でいらっしゃったのですか」と、一見客にも意味が通る言葉なのだ。

お客はよほどのことがない限り、自分がこの店に来たことがあるのか、それとも初めて来たのかということは分かっているため、ほとんどがこの言葉を自分の都合のいい方に解釈してくれる。

稀に「今日は…って言われても、この店には今日初めて来たんだけど」と言う一見客がいるかもしれないが、その時は、

「ご来店ありがとうございます」

と、一見客向けの後者の意味を改めて伝えて切り返せば問題ないだろう。

接待やグループ客の場合

接待利用のお客やグループでの利用の場合もカップル客と同様に、スタッフから話題を提供して会話を続けるというシーンはほとんどないはずだ。お客同士の会話が盛り上がりすぎて、悪い方向へ暴走しないように見守る程度がいいだろう。もちろん、水や灰皿、空きグラスには注意が必要だ。

ただし気を付けたいのが、上座・下座である。友人同士のグループであれば、それも気にしなくていいが、接待や会社の上司と部下のグループの場合は上下関係があるため意識しなくてはならない。

接待ならば、接待される側が上座に通されることがほとんどのためわかりやすいが、同じ会社の上司と部下だとその限りではないことも昨今は多い。見た目の年齢だけで判断するのも危険で、年下の上司という例もある。

そうしたときは、やはり会話に耳を傾けるといいのだが、もうひとつ使えるテクニックがおしぼりの渡し方だ。

三~四名でボックス席に着いた場合、「いらっしゃいませ」という最初の挨拶とともにおしぼりを手渡す店は多いだろう。その際に、形式上の上座から渡すのではなく、あえてテーブルの中心付近におしぼりを差し出してみてほしい。するとく上座に座るべき人から順に手が伸びてくる。もしくは「どうぞ、どうぞ」とその人物に勧める人が現れることが多い。

それによって席内の上下関係を見極め、メニューの説明をするお客や、最初に商品の提供をすべきお客を把握したい。余裕があればオーダー表の隅に着席位置と上下関係を示す番号をメモするなど、スタッフ間での情報共有にも活かせると、なおいいだろう。

ただし、席内に女性客がいる場合はその限りでもない。かわいらしいフルーツカクテルをオーダーされ場合は、あえて最初か最後に提供して、軽く商品の説明をすることで、場を盛り上げるといった演出も喜ばれるので、様子を見ながら試してみてほしい。

騒がしいお客への対処 その1

バーの性質上、二軒目、三軒目で利用するお客も少なくない。すでに酔った状態での来店で、いささかテンションが上りすぎており、最初から大声で話しているようなお客もいるだろう。特に数名のグループ客は、集団心理の影響からか気が大きくなり、大声になりがちな傾向がある。

このような場合にも前述した〝声の使い分け〟が有効なのだが、最初から店が目指すスタイルの「いらっしゃいませ」を発すると、お客とスタッフのテンション差が大きく、お客に（なにやら歓迎されていない雰囲気だ）という印象を与えてしまいかねない。まして、席に着いて早々「もう少しお静かにお願いします」と言われたら、さらに悪印象を与えてしまう可能性が大きくなる。

ここでも、おしぼりを渡す際に使えるテクニックがある。

ひとりずつに、

「いらっしゃいませ」

と声をかけながらおしぼりを手渡す時に、場のテンションに合わせたものから少しずつ声のトーンとボリュームを下げ、徐々にスピードも抑えるようにして、最後のお客に渡す時に店の目指すスタイルの、

「いらっしゃいませ。では、今日はいかがいたしましょう」

に持っていく方法だ。

酔っているお客ほど周りに釣られやすいので、自然に声のボリュームやトーンが落ちることが多いはずだ。

騒がしいお客への対処 その2

ほかにも、声ではなく音の問題も最近は多い。これはスマートフォンでの動画再生が代表的で、自分で撮影したものや動画サイトのお気に入り動画を同席者に見せたいという欲求が引き起こしている。

問題なのは、人の声とは違い、機械から発せられる音は店内により響きやすいため、ほかのお客は聞きたくもない音を強制的に聞かされている状態になることだ。

この行為は速やかに止める必要があるが、ひとつ間違うと強い反感を買うことになってしまうので注意が必要だ。スタンスとしては、

「すみません。機械からの音は聞こえやすくて店中に響きますから、ほかのお客様にも音が聞こえてしまっていますよ」

というように、店からの注意ではなく、機械音であるからという理由をあえて伝え、周りの席のお客を巻き込んだ形にするといい。そうすると不快感をそこまで与えることもなく、他人の視線が気になるため、素直に聞き入れてもらえる場合がほとんどだ。

そして、こちらから何かをお願い（注意）したい時は、最後に、

「～、すみません。（少しだけ間を取って）ありがとうございます」

を付けると印象がやわらかくなっていい。

一見するとおかしな日本語だが、お客の行動を、

「すみませんが、◯◯してください」

↓

「（ご協力いただき）ありがとうございます」

という着地点へ導く意味が込められている。

時々、いつも語尾に「すみません」をつけてしまう人がいるが、世の中は、謝られるよりお礼を言われるほうがいい気分になる人がほとんどだ。なので、どんな会話の後も、最後にプラスの印象を与える言葉で締めることができると、それがたとえ注意であって

も、素直に受け入れてもらえる確率が格段にアップするはずだ。

落ち込んでいるお客の場合

バーは、いろいろな目的のお客が来店する。親しいバーテンダーと喜びを分かち合いたいという人もいれば、それとは逆に、慣れ親しんだバーでひとり悲しみに耐えたいという人もいる。陽気な場合は笑顔での対応も可能だが、悲しみに暮れるお客に対するには、やはりある程度の配慮が必要である。

お客が落ち込んでいるかどうかというのは、一見客だと見極めるのが難しいかもしれないが、常連客であればいつもと様子が違うことにすぐ気付くだろう。しかしどちらにしても、すぐに理由を尋ねるという姿勢は、いささか私生活に土足で踏み込むような接客で、いただけない。

まずはいつも通りか、落ち込みを察していることをそれとなく伝えるために、いつもよりややゆっくり落ち着いたトーンで声をかけるといいだろう。するとお客は、

「実はね…」

と、話しやすくなるはずだ。

その理由は、身内の不幸であったり、仕事上のトラブルであったりとさまざまだと思うが、目の前にいるお客はダメージを受け、落ち込んでいる。

このような場合は、これまでに紹介した会話や接客のテクニックをそのまま使用するのが難しい。会話がマイナスのテンションからスタートするからだ。セオリー通りに天気の話をしたところで、会話が続くことはまずないだろう。

会話のイニシアチブを持つことは意識せず、じっと聞き役に徹することが一番である。お客がそんな精神状態でも店に足を運んでくれたということは、少なからずは、静かな場所で〝だれかに話を聞いてほしい〟〝話してすっきりしたい〟という思いがあるはずだからだ。

ただし、話を聞いているスタッフが一緒になって落ち込んでいてもいけない。そんなお客に少しでも元気になってから店を出してほしいと考えるのが、接客業に携わっている人間の性《さが》である。

バーであれば、

「少しでも元気が出るようなお酒をご用意させていただきますね」

「いちバーテンダーの私にできることは、お話をお聞きすることと、お酒をお出しすることくらいですが、せめて今日はゆっくりなさってください」

など、寄り添いつつも前向きな言葉で会話を続けていきたい。

その際には、「大変でしたね」「わかります」といった言葉は、決して使ってはいけない。実際に経験していないから大変さがわかるわけもないし、当事者の心情も本人以外にはわからないからだ。安い相づちを打つくらいならば、黙って聞いている方がお客の気分を逆なですることもなく、ただ平和に時間が過ぎることだろう。

撮影がしたいお客への対処

カメラ付き携帯電話やスマートフォンが普及し、今や誰もが気軽に写真を撮るようになっている。〝インスタ映え〟という言葉も生まれ、きれいなものや華やかなもの、美味しそうなものなどが、すぐに撮影対象になるのも現代の風潮といえるだろう。

バーの雰囲気や提供するカクテルも、撮影対象になることが多い。

お客との会話

常識のあるお客であれば、撮影してもいいかスタッフに聞いてから、携帯電話やカメラを取り出すだろうが、そうした常識あるお客ばかりではないのも現状だ。また、雰囲気を重視して照明を落とした店内でのフラッシュ撮影は迷惑以外の何物でもなく、場の空気を読んでご遠慮願いたいところである。

店のルールは33ページで述べたように、ホームページや入口などに表示するピクトグラムなどで伝えることができる。しかし残念ながら、見ていない・見たけど気にしないお客もいる。

そこで無用なトラブルを防ぐためにも、写真を撮ろうしているお客には、あえてこちらから、

「ご希望であれば、写真を撮っていただいても大丈夫ですよ。ただしフラッシュを使ったり、ほかのお客様やスタッフが入ったりしないようにお願いします」

というような内容の〝店のルール〟を、周りにも聞こえるとうなボリュームで伝えるといいだろう。

こちらが声をかける前、もしくはかける間もなく行われた無作法な撮影に対しては、

速やかに対応したい。フラッシュ撮影の場合は、一度目は間違って光ってしまったかもしれないのでスルーし、もし二度目があれば、

「すみません。店中が光ってしまうので…」

「ほかのお客様がびっくりしてしまいますので、フラッシュ撮影はご遠慮くださいね」

「今のカメラはフラッシュがない方が、きれいに写りますよ」

などと、やんわりと釘を刺して二度とさせないくらいでもいい。これらは、自店の雰囲気や接客スタイルに合わせた言い回しを考え、ある程度用意しておくといい。

しかし、ほかのお客やスタッフが映り込むような写真撮影に対しては、毅然とした態度での対応が必要だ。

特にその写真をSNSなどにのアップすると〝肖像権の侵害〟に該当する場合がある。その旨をお客に伝えて画像を確認させてもらい、もしスタッフを含む他人（この場合は撮影したお客や、そのお客と同席している以外の人すべて）が写っている場合は、消去してもらわなければならない。

このやり取りも、声のトーンやボリュームをコントロールすることで、店のルールを

周知させるのに効果がある。さらに周りのお客へは〝この店はお客のプライベートな時間をしっかり守りますよ〟というアピールにもなる。

このようなシーンに遭遇した場合、臆せずにきちんと注意ができるよう、スタッフ同士でシュミレーションしておくと、咄嗟の事態でもスムーズに言葉が出てくるはずだ。

無自覚な〝迷惑行為〟への対処 その1

店内での無断撮影以外にも、他のお客に迷惑がかかるお客の行為がある。

酔ってウトウト寝てしまったり、店内のＢＧＭに合わせてカウンターを指叩いたり、カウンター下の壁に足先でトントンとリズムを刻んだりと、やっている本人には自覚がないが、度が過ぎると周りのお客が「ん？」と思うようなことも起こりうる。

寝てしまったお客に関しては、すぐに起こすと悪酔いする場合もあるので、注意が必要だ。このような時は、椅子から落ちないよう様子を見つつ、

「寝るか寝ないかのこのタイミングって一番気持ちがいいですからね。10分だけ寝かせておいてあげましょう」

と、周りのお客やスタッフにあえて話を振るといい。店側は寝ているお客がいることを把握しているというアピールになり、周りのお客も（まぁ10分くらいなら）とおおらかな気持ちにシフトしやすくなる。

もちろん、隣の席のお客の肩にもたれかかったり、大きないびきをかいたりしているような場合は、すぐに起こさなくてはならない。その際は会計の準備まで済ませた状態で、スタッフのひとりが正面に立ち、もうひとりが後ろからゆっくり揺らしながら起こすのがお勧めだ。そうすることで、寝ていたお客は目を開けた瞬間にスタッフの姿が目に入り、自分が店にいることをすぐに理解してくれる。

もしその状態からおかわりをオーダーしようとしても、

「お疲れのようで体調が心配です。今日はここで切り上げて、また調子が良くなったらゆっくりいらしてください」

と、〝あなたのことを心配している〟というスタンスで話し続け、気分を害さないように退店を促すのがいいだろう。

無自覚な〝迷惑行為〟への対処 その2

テーブルやカウンターに、指や足でリズムを刻むお客、さらには度を越した大きな笑い声や笑い声に合わせて柏手のように手をたたくお客、お客同士の議論が白熱してカウンターやテーブルを強く叩くお客なども同様である。他のお客には耳障りだが、本人は気分良く酒や店の雰囲気に酔っている場合が多いので、気分を害さずにその行為を止めさせるテクニックが必要になってくる。

流れとしては、まず決して否定はせずに、笑顔で話しかけることから始めたい。ただし「お客様、大変申し訳ありません。先ほどから指（足）でカウンターを叩いている音が店に響き渡っており、ほかのお客様にご迷惑がかかっております」というように、丁寧に一から十まで説明する必要はない。

ここはあえて軽く、

「すみません。指（足）トントンしているの、ちょっと響いちゃって…。（お客が止めたら）ありがとうございます」

と、最低限のわかりやすい言葉だけを伝えるようにした方が、お客は萎縮せず、素直な気持ちで反省してくれることが多い。

さらにオーナーなどの上位スタッフであれば、

「今のリズム、私の心にはしっかり刻まれましたから」

といった軽口を添えれば、注意を受けたお客の居心地の悪さも一気に軽減するはずだ。

泥酔したお客の場合

ほろ酔いを通り越し泥酔してしまったお客は、声のボリュームや動作の制御が、そのお客自身もできなくなってくる。

こうなると、いくらスタッフが注意していても手に負えない。大きくなった身振り手振りでグラスを割ってしまったり、ほかのお客に絡んだりといった被害の拡大も予想されるため、速やかにお引き取りいただくのが得策だ。

この場合も、前述の寝てしまったお客への対処と同じような流れで、会計や退店を促すのがスムーズだ。

本当は（何度もグラスを割られたらたまらない）と思っていたとしても、あくまでお客

の体調を気づかっている体《てい》で会話を続けることが大切だ。それでもゴネるお客に対しては、

「私は今どれだけ嫌われても構いません。ここで切り上げておいて良かったと、明日お客様から感謝されればそれでいいです。体調が本当に心配なので、今日のところはもうチェックしましょう。お願いします」

と、やや強めに諭す言い方をするのも、スタッフの本気度が伝わり効果的だ。

自分に合った言葉・言い回しを考える①

お客との会話には多くのパターンがあり、さらに店のスタイルや自分の個性に合った、言葉選びや言い回しがある。例を参考に(自分だったら…)という思いで言葉や言い回しをいろいろ考え、接客に活かせる〝手持ちのカード〟をぜひ増やしてほしい。

【日常の接客編】

慣れると、ただ言っているだけになりがち。意味や理由を再認識してほしい。

伝えたいこと（一般的な言い回し）	自店の場合
まずは何を注文しますか。 シチュエーション 席についたお客から、ファーストオーダーをうかがいたい	例 「いらっしゃいませ。 今日はいかがいたしましょう」 （メニューがある場合） 「ご注文はお決まりでしょうか」
聞こえましたよ！ すぐ行くから、ちょっとだけ待ってて！ シチュエーション ある席から追加オーダーのため「すいませ〜ん」と呼ばれたが、他のお客の接客中、もしくは作業中のため、少しだけ待ってほしい。	例 「はい、おうかがいいたします。 少々お待ちください」
次に何を飲みますか？ 注文しますか？ シチュエーション お客の前にあるグラスが空になったので、もう1杯勧めたい。	例 「（グラスを手で軽く指し）よろしければ、 何かお作りしましょうか？」
当店はテーブルチェックをお願いしています。 シチュエーション お客が財布を片手に立ち上がって、キョロキョロと店を見回し、キャッシャーを探している。	例 「お会計でしょうか？ すぐ金額をお知らせしますので、どうぞお席でお待ち下さい」

自分に合った言葉・言い回しを考える②

【トラブル編】

緊急時ほど、すぐ口から言葉が出るようしっかりシミュレーションを。

伝えたいこと	自店の場合
ケガや服の汚れがないか。 シチュエーション 提供したドリンク類をお客が不注意で倒してしまった。グラスも割れてしまいプチパニック。	例 「大丈夫ですか!? 割れたグラスでのケガや、お洋服にかかったりしていませんか?」 「ケガをされるといけないので、我々がお片付けいたします。お気になさらないでください」
自分で片付けなくていいから、とりあえず別の場所へ移動して落ち着いてほしい。 シチュエーション 体調不良(もしくは酔って)のため、お客がトイレ以外の店内で吐いてしまった。	例 「大丈夫ですか!? 我々がすぐ片付けますので、お客様はひとまずこちらに座ってお休みください」
当店、ナンパはお断りです。 シチュエーション 近くに座った女性客にやたら話しかけて、口説こうとする男性客に対して。	例 「とても素敵なお客様だと思いますが、私とも少しはお話してくださいよ(満面の笑顔で)」
ここでケンカをするのはやめてください。 シチュエーション お客同士で議論が白熱し、ケンカが始まってしまった。	例 (口論程度) 「落ち着いていただけるよう別の席をご用意いたしましたので、そちらでゆっくりお過ごしください」(と席を離す) (掴み合いに発展している) 「(まず周囲のお客の安全を確保し)申し訳ありません! 他のお客様に大変ご迷惑がかかっておりますので、これ以上はお控えください」 ※業務に支障が出そうならば退店を促し、備品の破損やスタッフへの暴力があれば警察に通報も

自分に合った言葉・言い回しを考える③

【注意・苦言編】

お客に言いにくい言葉ほど、前もって考えて用意しておきたい。

伝えたいこと	自店の場合
もう少し静かにして！ シチュエーション よって気分が高揚し、会話が盛り上がっているグループ客。他のお客も迷惑顔に。	例 「すみません…。ちょっと店中に声が響いちゃってて…」
人が映り込むような撮影はやめてほしい。 シチュエーション 自分たちの背後のお客が写ってしまうことを気にせず、自撮りを繰り返すお客。後ろのお客はチラチラこちらを気にしている。	例 「写真は好きなだけ撮ってくれていいですよ。ただ、他のお客様やスタッフなど人が写るものだけはご遠慮くださいね」
カウンターやテーブルを叩くのはやめてください。 シチュエーション 店のBGMに合わせて、トントンとカウンターを叩くお客。音や振動を隣のお客が気にし始めた。	例 「すみません。カウンターの指トントンが…。（止めたことを確認し）ありがとうございます」
酔い方がひどいので、もう退店してほしい。 シチュエーション 泥酔しかけており、何かトラブルを起こす前にできるだけ気分を害さず退店を促したいお客がいる。	例 「お客様の体調が心配ですので、今日のところはもう会計をしましょう。調子がいい時にぜひまたいらしてください」
閉店時間なので退店してほしい。 シチュエーション 閉店時間を過ぎても話し続けていて、なかなか帰ろうとしない居座り客に対して。	例 「すみません、そろそろ閉店なのですが…」 「（あえて明るく）宴もたけなわではございますが、当店の閉店時間となってしまいました」

会計・退店時の注意

会計

テーブルチェックなのか、キャッシャーがあるのか、店によって会計方法は異なる。店で過ごした時間や提供した商品・サービスに対する対価をお客からいただく場面である。そのため、お客もスタッフもお互いに気分良くやりとりができるよう心がけたい。

金額の伝え方、お預り、お返し

最も基本的なやりとりだが、お金の受け渡しで起こるミスは大きなトラブルになりやすいため、細心の注意を払うべきシーンである。ここにも店ごとにルールやチェックポイントがあるはずだ。

●金額を声に出して伝える、または金額は声に出さずに伝票などを渡す
●お預かりした金額を必ず復唱する（「一万円から」は使わない。「一万円お預かりします」）

●お釣りをお返しする際のルール、お札と小銭の渡す順番

※「大きい方」「小さい方」ではなく、「お札」「小銭」

※「〜になります」ではなく、「ございます」

といったところが一般的だろうか。

店を利用したシチュエーションによっては、支払いをするお客がほかのお客を気づかって金額を伏せたい場合がある。ひとり客であっても、周りのお客に知られたくないと思う人が多いだろう。そのため、金額を声に出さず伝票や合計金額を書いた紙を渡すのが、バーではメジャーなスタイルだ。

グループ客が割り勘で会計をという場合は、そのテーブル内で処理して支払われるので、仕切っているお客に任せておけばいい。酔ってなかなか計算が進まないようであれば、手助けするくらいで問題ないだろう

ただし、お預りした金額は声に出して確認するのが望ましく、トラブルを未然に防ぐことにもつながる。

よくあるのが、五千円札と一万円札の勘違いだ。お客は一万円札を出したつもりで、

実際は五千円札を出している場合は、お釣りの金額が変わってくる。事後の出した・出してないの押し問答を避けるためにも、きちんと確認することが大切だ。可能ならば、そのお客が退店するまでレジやお金を保管する場所に受け取ったお金をしまうのを待つくらいの予防線を張りたいところだ。

最後に、お釣りをお返しする際。本当ならばお返しする金額を声に出して伝えたいところではあるが、お釣りの金額を声に出して伝えてしまうと、お預りした金額からお釣り分を引けば代金が分かってしまう。そこで、あえてここは少し小声で、

「お返しでございます」

ぐらいで済ませたい。

お釣りを手渡す順番には諸説あるが、お預かりの際にお客の財布の形状などを素早くチェックしておくと、お札と小銭のどちらを先に手渡すか、スマートな判断がしやすい。札入れと小銭入れを持っていて、札入れを持ったままお釣りを待っているお客には、お札から返す。ひとつの財布からお札と小銭を支払ったお客であれば、小銭入れの部分を開けたまま待っていることが多いので、小銭から返すといった具合にだ。

こうした気遣いは細かい接客術のため、お客の側で気付く人は少ないかもしれないが、何かのタイミングで気付かれた時には、きっと店の株が一段階上がるはずだ。

先に会計を済ませるお客

2人以上で来店したお客でたまにあるのが、相手に気付かれないよう先に会計を済ませたいというパターンである。カップル客の男性側や同僚グループ内で上役のお客が行うことが多い。

慣れているお客であれば、トイレに立った時や立つフリなどをしてスタッフに声をかけ、支払いを済ませて席に戻っていく。

接待の場合も、接待する側が支払いシーンをあまり見せないようにするため、同様の方法で会計を済ませることがある。どちらの場合でも同席しているほかのお客には金額がわからないように配慮したい。お釣りを席に届ける場合もだ。

困るのが、稀に接待されている側が「ここは私が…」と支払いを先に済ませようとするパターンだ。スタッフは接待での利用だと分かっているが、目の前でお金（やクレジットカード）を出している相手を無下に断るわけにもいかず、かといって接待している側に「お支払されようとしています」などと伝えに行けば、せっかく先に会計を済ませようとしているお客の顔を潰してしまう。

本来であれば受け取りたくないシチュエーションだが、このような時は後から接待している側にお叱りを受けることを覚悟して、素直に代金を受け取ることがベターだろう。

いざ本来あるべきタイミングで、接待している側から会計の声をかけられたら「申し訳ありません。代金はこちらのお客様から受け取ってしまいました」と素直に謝るしかない。支払った相手が目の前にいる以上、そのスタッフを本気で叱責するという事態にはまずならない。あってもチクリと小言を言われる程度だろう。

ただし、接待する側から前もって「今日のお客は先に自分が支払いをしたがる人だから、もし私達が知らないうちに（会計を…）と言われても、絶対に受け取らずに教えてほしい」と言われていたら、話は別だ。支払いをしようとしている（接待されている側の）お客には、

「代金は○○様（接待する側）より受け取ることになっておりますので…」

「申し訳ありません、今日の分はもう頂戴しております」などと言いながらやんわり断り、納得してもらうしかない。これで納得してもらえないようであれば、接待する側の幹事に伝え、あとはテーブル内でうまく対処してもらうようにするといいだろう。

退店

会計を済ませたお客が席を立ったら、いよいよ店で過ごす時間が終りを迎える。最後まで気を抜かず丁寧に送り出し、いい気分のまま帰路についてもらいたい。可能であれば出口ぐらいまでは見送りたいところだ。

お客が席を立ったあとも、クロークで来店時に預かった手荷物や上着などを渡したり、客席に忘れ物がないかを素早くチェックしたりと、スタッフは短時間にすべきことが多い。役割分担を決めておいて、手早く確実にできるよう、普段から練習しておくといいだろう。

忘れ物

お客が席を立った際にスタッフがチェックする習慣があっても、やはりゼロにならないのが忘れ物だ。テーブルの上やイスやソファの上にあれば気付きやすいのだが、座面と背もたれの間やソファと壁の隙間、照明が暗い場合はテーブルの下に落ちている場合も見つけにくい。

できれば、小ぶりなペンライトを各スタッフが携帯して、隙間チェックまでを一連の動きにしたい。席を立ってすぐ作業にかかれば、もし忘れ物があってもお客が店を出るまでに渡せるはずだ。そのためにも、クローク・見送り担当と、忘れ物チェック・片付け担当は別にしておきたい。

それでも忘れ物が見つかった場合は、日付と時間、見つけた席の番号、予約や領収書の発行などで分かっている場合は名前を書いたメモと一緒に、一定期間保管しておくしかない。もし要冷蔵のものだとわかれば、面倒かもしれないが冷蔵庫に入れておくと親切だ。

連絡先がわかる場合でも、どんなシーンでの利用かが明確でない以上は、店から連絡をせず、お客から連絡を待つのみである。これは一見、不親切なようにも思えるかもしれないが、お客がどのようなシーンで店を利用したか分からないなら、店側から連絡することで、かえってお客に迷惑をかける事態にもなりかねないからである。

もし連絡があれば、日時や忘れ物の特徴を聞き、合っていれば店まで取りに来てもらうことになる。遠方のお客ならば、指定された住所へ発送しなくてはならない場合もあるだろう。

発送する場合は、さらにいくつかの注意が必要である。

まずは、いくらお客が「忘れた自分が悪いので、着払いで…」と言っても、店として忘れ物を防ぎきれなかった体制を反省し、

「責任は店側にありますから」

と伝え、必ず元払いで発送することだ。

さらに送付先も自宅だとお客に不都合な場合もあるので、しっかりと送付する住所や到着日時の希望を確認したい。また、宅配便は電話番号も必須なので、忘れないよう控えてほしい。

送り主も「Ｂａｒ ○○」だと具合が悪そうだと察知したら、「株式会社○○」やオーナーの個人名で送付できることを伝える心づかいができれば、お客は安心して、きっとまた店に足を運んでくれるだろう。

このように、比較的シンプルな例であっても実作業はとても多い。だからこそ、余計な労力を使わずに済むよう、〝忘れ物チェックは素早く念入りに〟が鉄則なのだ。

閉店時間なのに帰らないお客

閉店時間が迫ってくると、各席にラストオーダーの時間だと伝える店は多い。これは〝もうすぐ閉店しますよ〟というアピールにもなっている。だいたいのお客は、その空気を察して、スタッフに「会計がしたい」と伝えたり、まだカクテルやフードが残っている場合は素早くお腹に収めたりしてくれる。

しかし、お客同士で会話が盛り上がっていると、なかなか腰を上げようとしないことが多々ある。とりあえずはまだ営業時間内なので、閉店に向けたクロージング作業を、お客が不快に感じないよう、騒がしくない程度に進めて様子を見ていよう。

閉店時間を過ぎても一向に動きがない場合は、会話の切れ間を見つけて、

「お楽しみいただいているところ申し訳ありません。そろそろ閉店時間なのですが…。ありがとうございます」

と声をかけても問題はない。ここまで言えば、よほどのことがない限り、帰り支度をしてくれるはずだ。

■入店から退店までのフローチャート

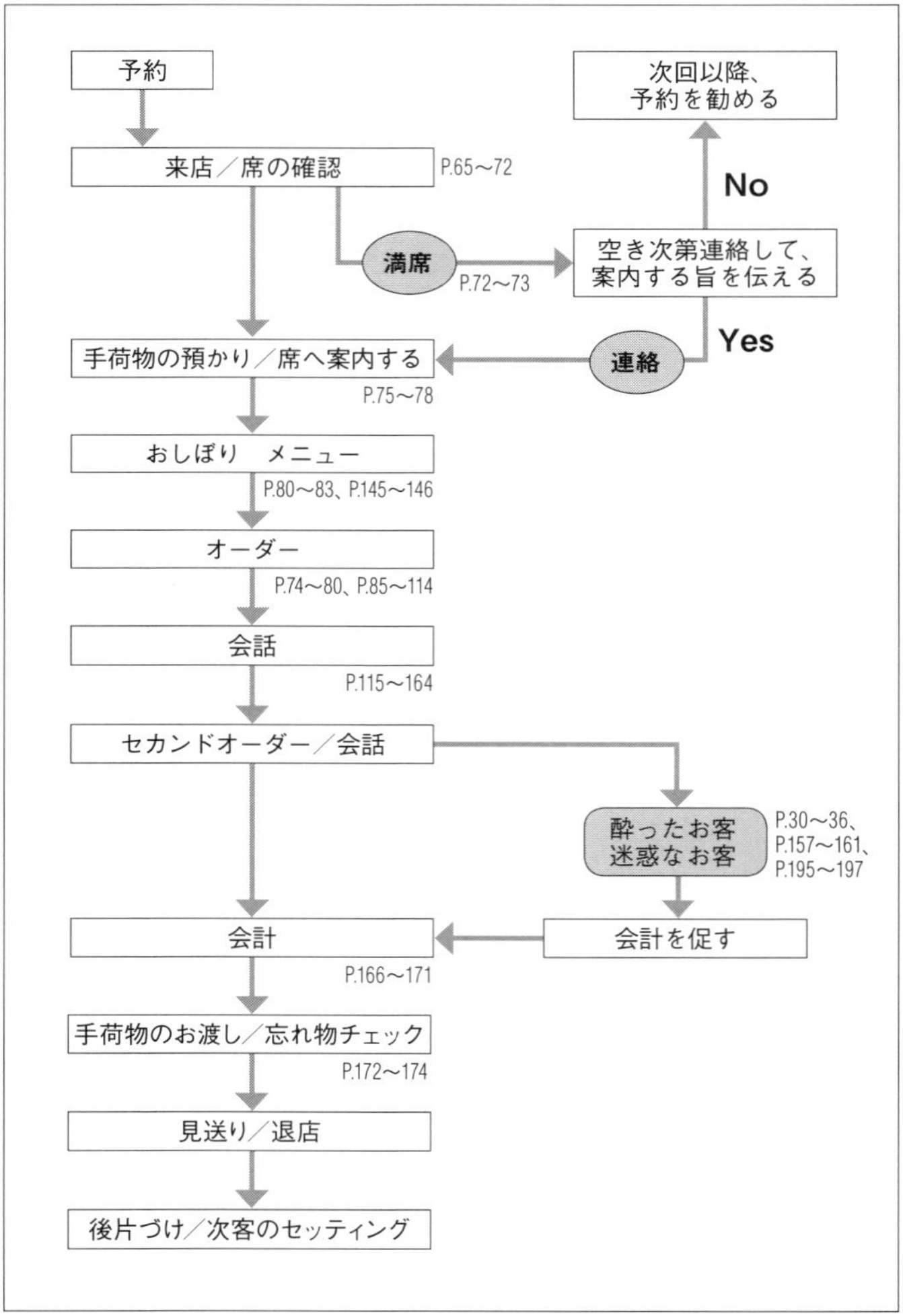

その他

ネット関連への対応

インターネット、特にＳＮＳがこれだけ普及した現代では、お客が得る情報量は、ひと昔前と比べると圧倒的な差がある。個人が自由・気軽に発言できるツールが増え、しかもそのほとんどは発信者の匿名性が高いため、無責任な情報や、悪意ある評価を目にすることも多くなった。

これらすべてを店側がコントロールすることは不可能なので、せめて自己防衛する手段や考え方を知っておいてもらいたい。

評価やクチコミへの対処

そもそも、いい評価や悪い評価、単純な悪口など、店について何か書かれるということは、店の知名度が上がったことに起因している場合が多い。有名税であるし、自店だけではなくどんな有名店でも必ず何か書かれていると思えば、少しは気が楽になるだろう。ただ、そんな考え方のみに甘んじて、何もしないのは間違いである。

その他

店のサービスや商品について何か書かれた場合は、〝なぜ書かれたか〟という原因を理解するために、そのシチュエーションを改めて思い返すことが必要だ。書かれた内容から、おそらくあのお客だろうと思い当たる節があるはずだ。

なかには「イスの座り心地が気に入らない」「メニューの字が小さくて見辛かった」のように、個人的過ぎて思い当たらないこともあるかもしれない。これらは気持ちとお金に余裕があれば対応できることなので、店のスタンスに合わせて判断すればいいが、基本的に無視していいレベルのものだ

しかし、「味が合わなかった」「○○が汚れていた」といったものは、個人的な感想とはいえ嗜好の違いや見方の違いだと無視するべきではない。特に味に関しては、改良してよりいいものにする努力をすることはもちろん、オーダーの際の勧め方などに問題がなかったかなど、味以外の部分にも目を向けてみることが大切だ。

衛生面も、実際に汚れていたのならば反省すべきことで、気になる・気付くお客がいるということは、現在の清掃の仕方を見直すきっかけでもある。

トイレなどの〝お客も直接関わる部分〟は、もし汚れてしまっていても（誰かほかの

お客が汚したんだろう）とも思えるが、そうでない場所の汚れというのは、単に〝清掃が行き届いていない店〟という印象しか与えない。

したがって、オーナーやベテランスタッフが小姑のようにしっかりチェックして、日ごろからの改善に努めるべきだろう。

いつも見られていると思え

味や設備などの目に見える部分はもちろんだが、サービスを含む接客などのソフト面もお客からの評価対象になりやすい。そして、店として軸がぶれない接客を行っていても、人対人の関わりである以上、合う・合わないはどうしてもなくならない。ならば、どうすれば良くない評価を限りなくゼロに近づけることができるか、考えてみてほしい。悪評につながるミスは、どんな時に起こっているだろうか。

原因が、お客と直接会話をしている時の不用意な発言であれば、会話内容を見直し、同じミスを二度としないよう心がけ、さらに会話スキルを磨くべきだろう。サービス時の動きや、タイミングを外してしまった場合も同様だ。

また、お客と対峙していない瞬間というのは、どうしても気が緩んでしまう。リアルタイムでの世界発信が個人レベルで可能になった現代だからこそ、スタッフは常にお客から自分の一挙手一投足を見られ、一言一句を聞かれていると思っていたい。

もし何かやらかしたら、すぐに発信されるかもしれないという自覚を持たなくてはならない。自分は〝完璧なスタッフを演じている舞台上の役者〟だとイメージし、営業時間中は気を抜かず、お客の視線を意識して行動することが、ミスを減らす近道になるはずだ。

名刺の受け渡し

お客への自己紹介や、店の情報を知らせるために、名刺を活用している店も多い。一般的な名刺交換のマナーは

●社名や役職、氏名を伝えながら差し出す
●先に目下の者が目上の者に差し出す
●両手で差し出し、両手で受け取る
●相手の名前の読み方などを復唱して確認する
●立ち上がった状態で行う
●間にテーブルなどを挟んだ状態で行わない

など、ビジネスシーンでのやり取りが基本とされている。

しかし、バーのようなシチュエーションでは、この通りに実行するのは難しい。まず、ベースとなる立ち位置が、お客との間にカウンターを挟んだ状態だからだ。毎回フロアまで出て名刺を渡していたら、まわりくどく、時間のロスが多すぎる。さらに、イスに

座っているお客を、こちらの都合でわざわざ立ち上がらせるわけにもいかない。

マナーも大切だが、仕事上の動線やタイムロスを考えて、割愛できるものに関しては省いて行うほうがスマートだろう。

また、お客からも名刺を受け取った場合、名前の復唱については66ページにも記載したような理由から、あまりしないほうがいい。ただ、目を通したということを相手に伝えるために、住所をネタにするのがスマートだ。

そのお客が帰った後は、その日店で飲んだものや会話中の印象的な話などを名刺の裏にメモしておくと、次の来店時の話題選びに有効だ。

「ながら仕事」の重要性

客席が埋まるほど、スタッフひとりあたりが担当する客数も比例して増える。ひとりで複数のお客に対応するということは、いろいろな作業を同時進行しなくてはならないシーンが多々出てくるということだ。お客と会話をしている時でも、視界の端にほかのお客がこちらを見る素振が映れば、すぐに対応できるような能力が必要となる。

店主のみで営業している店でも、スタッフが何人かいる店でも、ひとりが対応できる客数には限りがある。そこで、自身の店のキャパシティをきちんと認識したうえで身に付けたい、〝ながら仕事〟について考えてみてほしい。

空間認識能力を鍛える

店の営業時間中、お客がそこそこ入っていれば、調理や接客といったやることが絶えず何かある状態が続く。オーダーを受けた商品を作っている最中に予約客が来店したり、メニューの説明をしている時に会計の声をかける席があったりと、内容やその組合せは

その他

書ききれないほどある。

そうした時に必要になるのが、〝空間認識能力〟だ。これは、自分がいる空間にある物の位置や向き、大きさ、形などを素早く正確に把握して認識する能力のことで、プロスポーツ選手などには、この能力が優れた人が多いとされている。

この能力は、鍛えることで飲食店での接客にも活用することができ、大きな強みになる。店全体を把握すべき空間とし、お客の位置や様子、提供した商品の減り具合などを、素早く正確に認識することができれば、お客により行き届いた接客できるはずだ。

日常生活のなかには、この能力を鍛えられるシーンがいくつかあり、代表的なものが料理だ。何品かある献立を同時進行で作り、同じタイミングで仕上がるよう、段取りと各料理の進捗状況を把握し続けることが必要になるからだ。

普段、料理をしない人であれば、食事をしながら録画したテレビ番組をチェックしつつ、雑誌を読み、スマートフォンでゲームをする、というような荒業もある。これも作業の同時進行の例だが、行儀が悪く見えるので、自宅でひとりでいる時に行なったほうがいいだろう。

目と耳でアンテナを張る

飲食店で接客を伴う仕事をしているのであれば、店内にお客がいる以上、視覚と聴覚は常にアンテナを張っている状態が望ましい。店の規模やスタッフの人数によってアンテナを張る方法や範囲は異なるが、軸となる考え方は同じである。

お客が着席してからファーストオーダーまでは、おしぼりの提供から一連の流れになっている店も多く、そうでなくても必ず近いタイミングでオーダーがあることがわかっているため、その席に注意を向けているというスタッフがほとんどだろう。

しかし、大切なのはファーストオーダーの商品を提供した後からだ。セカンドオーダーまでの時間は、お客によって大幅に変わってくる。話が盛り上がっている席は時間がかかり、ひとり客だと短時間だったりと、ある程度の傾向はあるが、一概にはいえない。同じテーブル内でも、お客によって早い・遅いがある。

スタッフは作業しながら、お客と会話をしながら、目と耳を使ってこれらに気を配らなくてはならない。空間認識能力を使って、できるだけ広い範囲をひとりのスタッフがカバーできることが理想だが、店の規模や客数によっては難しいこともあるだろう。

そんな時は、下を向いて作業をしているスタッフがいるならば、その作業中はほかのスタッフができるだけ顔を上げた状態をキープし、店内を見渡してフォローする体制を整えておくといい。ほかにも、一分に一回は店内全体を見渡すというようなルールを、スタッフ間で徹底するのも効果がある。

一番の理想は、営業中はほぼ満席だったにもかかわらず、お客からの「すいませーん」が一度も聞こえなかったという日だ。これは、アンテナがうまく張れていたという結果である。実際にこれを達成するのはとても難しいかもしれないが、スタッフ全員の目標にして接客にあたれば、心地好い接客に大きく一歩近づくはずだ。

QSCのバランス

飲食店に欠かせないとされる〝QSC〟とは

●QUALITY（クオリティー）＝商品の品質

●SERVICE（サービス）＝スタッフの接客

●CLEANLINESS（クリンリネス）＝清潔・清掃

の三つの頭文字を取った言葉である。

料理がおいしく接客もいいが、店が汚い（QSはいいがCがだめ）や、店はきれいで接客も抜群なのに、料理がいまいち（SCはいいがQがだめ）のように、何かが欠けてはいては飲食店として致命的である。

たまに「店も汚く店主も無愛想だが、味だけは抜群だ」という、独特なもてはやされ方をしている店もあるが、これは例外であり、一般的に店は成り立っていかない。

三つを点数化して三角形のグラフにした場合、合格点以上の正三角形の大きさがなければ、俗に言う〝いい店〟の仲間入りは難しい。まずは三つの質をバランスよく向上させることが優先すべき点だろう。

そして、すべて合格点を得たうえで、本書の冒頭に記述した〝どんな店にしたいか〟に沿ってQＳＲのどれにもっと力を入れればいいかを考えたい。力を入れて伸ばした幅こそが店の個性となり、お客を引きつける魅力になるからだ。

装いと立ち居振る舞い

店の印象を決める要素のひとつに、お客やスタッフの装いや、スタッフが接客する際の立ち居振る舞いがある。

これは店のスタイルや考え方で大きく異なってくるため、ここでは、基本的な考え方に絞って記述したいと思う。

お客

たとえどんな身なりであっても、お客はお客である。それぞれの考えや趣味で選んだ服に身を包んで店を訪れる。多くの人は訪れる店の事を考え、TPOを踏まえた装いを意識するだろう。

また、店によってはドレスコードを定め、いい意味で間口を狭めて自店のターゲット層を確立していることもある。これもひとつの考え方だ。

店がそのお客を受け入れる・受け入れないの判断材料として、大切にしたいフィルターは〝ほかのお客に不快感を与えない〟ということだ。

たとえば極端に香水がキツいお客が店内にいれば、閉鎖空間である店中に匂いが充満してしまって、香りのいい酒が楽しめなくなるという問題が発生する。

また、仕事帰りに作業着で訪れたお客も、ドレスコードがない店であれば特に問題はないはずだが、仕事中に作業着に付着した機械の油などがひどいと、お客同士がすれ違った際に相手の服やカバンを汚しかねない。店としてもイスやテーブルが汚れてしまうことはできたら避けたいと思う部分でもある。

個人的な嗜好や考えのことなので、そのお客に対して伝えにくいところではあるが、ほかのお客を守るためにも、丁寧に理由を説明して改善してもらうか、難しいようであれば入店をお断りすることも必要だ。

その他

スタッフ

衛生法規的には、飲食店で働くうえで良くないとされている腕時計や指輪といった手元の装飾品の着用については、商品に触れるスタッフは避けなくてはならない。

女性であれば華美なネイルも凹凸部に保菌しやすいのでやめたほうがいいだろう。特にネイルに関しては、直接皿に触れるという観点から、飲食店においてその手で接客サービスされることに嫌悪感を示すお客は多い。スタッフのルールとして明確に打ち出しておく点だ。

ピアスやネックレスなどといったその他の装飾品については、店のスタイルによりけりだが、基本的に黒子に徹することが仕事のスタッフという、分をわきまえた装いでありたい。

立ち居振る舞いも、頭頂から糸で引っ張られているようなイメージで立っていることが理想で、壁やカウンターにもたれかかったり、極端に重心をどこかに寄せた立ち方は、お客からは時に横柄な態度にも見えて印象は良くないだろう。

スタッフは店での時間に慣れてくると、接客以外のシーンで、このような気の緩みが生まれがちだ。このため、学校の服装検査とまではいかないが、定期的にチェックする機会を設けるといった、気を引き締めるタイミングも必要になってくる。

オーナーや店長

通常のスタッフと違い、伴う責任や言葉の重みが違うオーナーや店長クラスのスタッフは、さらに注意したいことがある。

それは、お客に対してスタッフのことを悪く言わない・卑下しないことだ。

見かけることが多いだろうと思われるのは、オーナーや店長がスタッフのことをお客に対し、「コイツはほんと使えなくて…すみませんね。あ、コラ！オマエまた何やってんだ！」と、コイツ・オマエ呼びをし、ダメ出しや叱責をしている場面だ。

これは、よほどのことがない限り、お客がいい気分になることはない。むしろ（場の空気が悪くなる…）（じゃあなぜ採用したんだ）（そんなふうに思っているスタッフを店に出すな）など、店に対しての不満や不信感でいっぱいになり、店からお客の足が遠のいていくのがオチだ。

店内では自分や相手のスタッフがいかなる立場でも、○○さんや○○君と名字で呼ぶことを徹底し、他のスタッフのことは、褒めたり立てたりする以外は話題にしないことだ。

「彼はとてもよく勉強をしているので、私よりウイスキーに関しては詳しいです。なんでも聞いてやってください」

など、スタッフにもお客にも有益になる会話や振る舞いができれば、オーナーや店長としても一流だ。さらに、客前で褒められたスタッフもうれしく思い、自分に与えられた責任を再認識して、さらにやる気を発揮してくれるだろう。

スタッフを立て、あえて何かに責任を持たせる・任せることというのは、多少勇気がいるかもしれないがオーナーや店長の大切な仕事である。スタッフが育てば店の武器がさらに増え、店としてのレベルアップになる。そんな未来を見据えた行動を心がけてほしい。

緊急事態

どれだけ気を付けて接客にあたっていても、避けることのできない事態が発生することが、時にはある。そして、こうした時こそ店の力量が問われていると思わなくてはならない。

あらゆる事態を想定して、すぐに対応できるような準備をしておくことが、リスクマネジメントの基本であると覚えておいてほしい。

お客に迷惑がかかること

バーであれば、お客が不注意でグラスを倒してお酒をこぼしてしまったり、飲みすぎ・体調不良のお客がトイレ以外の場所で吐いてしまったりと、一気に場がざわめくトラブルが起こることがある。

良識あるお客であれば、すぐ自分で処理しようとするが、焦っているあまり、二次災害・三次災害が起こりかねない。それを避けるためにも、まずは一番近くにいるスタッ

フが（必要であれば）タオルやおしぼりを持って駆け寄り、自ら処理しようとしている
お客を制し、

「大丈夫ですか？」
「お怪我はないですか？」
「お洋服などは無事ですか？」

などと真っ先に当事者であるお客に心配の声をかけ、安心してもらうことが重要だ。
そして、

「我々がいたしますので」

と伝えたい。

その際、スタッフが何人も駆け寄ると、店中を巻き込んだ大騒ぎになり、当事者もほかのお客も気まずくなってしまうのでいただけない。

迅速に処理するのは大切だが、処理に当たるのは一～二名に留め、あとのスタッフは何事もなかったかのように接客を続けると、店内の空気はスタッフが後処理をしていたとしても意外と早く戻る。

トラブルの原因が〝酔い〟であれば160ページのように、「今日のところは…また体調がいい時に来てください」と会計を促して、退店を勧めるのも対処のひとつだ。

不注意でお酒をこぼし、そのはずみでグラスを割ってしまったようなお客であれば、意気消沈していることが多いので、たとえどれだけ高いグラスだったとしても、そこは感情をグッと押さえて、オーナーや店長であれば、

「たまにはカウンターにもお酒を飲ませてあげないといけないな…と思っていたところなので、どうか気にしないでくださいね」

などと言い、少しでも早く楽し気分に戻れるような気づかいも必要だ。

店・スタッフにかかわること

一番多いのは、急な体調不良や作業中のケガだろう。ひとりで店を切り盛りしている場合は、営業に直結するため、常日頃から健康管理には気を付けなくてはならない。「ケガをするかもしれないので、本当は好きだけどサッカーやスキーといったスポーツはし

ない」という経営者もいるくらいだ。

営業中に突然体調が優れなくなった場合は、無理をせず速やかに退店することが望ましい。

〝体に何かしらの異変が起こっている＝自身が保菌者である〟ということを、まずは認識するべきである。その状態で店に立ち続けるということは、お客やほかのスタッフに菌を撒き散らしているのと同じことだ。迷惑以外の何ものでもない。早く症状を良くして、迷惑をかけた分は復帰してから仕事で返せばいい。

しかし、速やかな退店をするためには、その日のスタッフ数や残るスタッフそれぞれの技量など、店の体制がどれだけ整っているかも重要になってくる。

可能であれば、38ページの開店準備の章にも記述したように、イレギュラーな事態に備えた人員配置ができるよう、余裕を持ったシフトを心がけたい。

お酒の飲み方・他店を訪問する時の注意点

お客にアルコールを提供する職業である以上、自身も勉強のためにいろいろな種類を試飲したり、他店へ勉強しに行くこともあるだろう。また、営業中にお客から勧められることも少なくはないはずだ。

最後に、そんな時に気を付けたいポイントをいくつか記述していく。

お客からの「何か一杯飲む?」

アルコールが入って気分が良くなったお客が、対面で会話をしているスタッフに「何か一杯飲む?」と勧めることがある。その際、飲む・飲まないに関しては店のスタイルに合わせて、対応の仕方をスタッフ間で統一しておかなくてはならない。

店として飲まないスタイルを通すのであれば、断り方も大切である。「結構です」「当店では全てお断りしています」、といったような切り捨てるような言い方は、好意で勧めたお客もいい気分にはならない。

「すみません。うちの店は全員飲まないので…」

「ありがとうございます。でも車で来ているので…」

など、〝気持ちは嬉しいけど、ルールがあるので〟というスタンスで断ると、相手もそこまで悪い気分にはならないはずだ。場合によっては〝お酒が飲めない人〟というキャラクターを定着化させるのも手である。

勧められたら、店の状況を見たうえでいただくこともあるならば、

「そうですか？ ありがとうございます。ではお言葉に甘えて一杯だけいただきます」

と、「一杯だけ」というキーワードを入れてお礼を言うといいだろう。スタッフが飲んでもいい店だということが分かると、やたら飲ませたがるお客がいるため、それを未然に防止する策だ。お客が何かお祝いをしている席で勧められた場合も同様である。

それでも勧めてくる場合は、

「もう十分です。おかげで元気になりました」

「いえもう結構です。活力がみなぎりました」

などというように、断り文句に前向きな言葉を添えれば、ただ断るよりも印象がいい。

同ジャンルの店へ行く場合

102ページに〝お客として同業者が店を訪れた場合の対処〟について記述したが、ここでは逆に、自分もしくはスタッフが他店を訪れるケースについて記述したい。

同ジャンルの店に行く際は、もし自分がその店を見定めに行ったのだとしても、実は相手側からも見定められているということを意識しなくてはならない。だいたいにおいて同業者というのは、自ら言わなくても、相手に伝わってしまうことが多いからだ。

そして、勉強のために他店へ行こうとしているならば、まずは自店の先輩や一目置いている人の接客をしっかり観察してみてほしい。意外と店の中だけで解決できることも多いことに気付くだろう。

いよいよ実際に他店へ足を運んだ場合、どうしても全てにおいて自店と比べがちになる。

たとえ自店の方がいいと思える部分が多かったとしても、あら探しをしたり否定的な目で見るのはもったいない。せっかく訪れたのだから、店のいい部分を見つけて、自店での接客や商品づくりに活かす方向で、店での時間を過ごしたい。

注文についても、自分が店でされたら嫌な気分になる仕方はご法度だ。

また、他店に飲みに行って勉強したいというスタッフがいる場合、前述のような〝飲み方・店での過ごし方〟をオーナーやベテランスタッフが予め教えた状態で送り出すことも、店の看板を守るために大切なことである。新人の頃は、他店へはひとりで行かせないというルールを作るのも効果的だろう。

というのも、同ジャンルの店同士の付き合いは、基本的に〝クール&ドライ〟が定番である。職人として切磋琢磨するのは、自分で店を構えるくらいのレベルになるまでは、同じ店に勤める同期だけでいい。それを理解せずに、自店と他店のスタッフが仲良くなりすぎると、それぞれの店ノウハウが漏れる情報交換につながってしまうからだ。

他ジャンル店を訪れる場合

スタッフ同士の親睦を深めるためや、忙しかった営業後のプチ打ち上げ、さらには特に親しいお客も含めた食事会など、バー以外の店を訪れる機会も少なくないだろう。その際に気を付けたいこともいくつかある。

まずは、営業についての反省や問題点の改善方法、スタッフへの注意、新しいメニューのことなど、店に関係する話題は、すべて店の中で行ってから他の店へ行くようにしたい。

これは、就業後＝プライベートな時間に仕事を持ち込まないとともに、訪れた店のスタッフや周りにいるお客に、店の内情やプライベートなスタッフの様子を知らせないことにもつながる。有名店である、もしくは自店から近い場所であるほど、このことには注意したい。

次に、話の内容は意外と周りに聞こえているということを知ってほしい。店名やオーナーの名前などでピンとくる人は、有名店や人気店、自店周辺の店であれば多くなる。話題にしないことが一番だが、もし話題になったのならば、〝オーナー・店長→社長〟〝うちの店→うちの会社〟などに置き換えたり、主語や固有名詞を抜いた会話、名字ではなくあだ名で呼ぶなどで対処すると安心だ。

これは、店のルールとしてスタッフに徹底させ、オーナー・店長クラスやベテランスタッフがいない場でも必ず守るよう言い含めておきたい。

親しいお客との食事や飲み会も同様で、そのお客に対して予め前述したことを伝えておき、それが守れない人とは、営業時間外の付き合いをするのは避けたほうがいいだろう。

おわりに

ここまで読んでみて、「うわっ、これ自分もやっちゃってるなぁ」「こういうこと、できてないなぁ」と思った例があったかもしれない。何か心に刺さることがあり、〝変えてみよう〟と感じても、今までの自分を恥じないでほしい。気づきこそが財産だからだ。失敗や失墜は1日でできるが、信用を取り戻すために自分を変えるのには時間がかかる。だからこそ〝変えてみよう〟〝試してみよう〟と思うことがあったならば、とりあえず75日は続けてほしい。人の噂と一緒で、人から受けるイメージや印象を変えるのにも、やはりこれくらいの時間がかかる。

途中で諦めることなく、積み木を積み重ねるようにコツコツと続けた努力こそが、自身の能力を広げ、いつしか強い武器になるはずだ。

また、接客を学ぶ際には、〝謙遜の美学〟を身につけることも大切だ。

たとえば勤めている店が有名だからといって、自分が有名なわけではない。その店の歯車でしかないことを認識すべきである。自分が何かコンクールで優勝したとしても、高々と鼻を尖らせていると、いつか必ずポッキリと折られる日がやってくる。

いくら業界内で有名だったとしても、自分の経歴を知らない、お客（第三者）に接した時の自分の態度を、客観的に見直す習慣を身につけることが必要である。

そして、経営者や店長といった上の立場の人間は、日々の営業の中で誰かから注意を受けるということがほとんどない。その結果、自分の考えやスタイルが凝り固まってしまい、いつの間にか悪い部分が増長していたり、時代の流れに合わなくなっていることに気づかない場合も多い。

そうした時にも、この本を読んで、接客の初心を思い出していただけると幸いである。

人気BARの接客サービス

発行日　平成29年10月28日初版発行

著　者　旭屋出版編集部《あさひやしゅっぱんへんしゅうぶ》

発行者　早嶋　茂
制作者　永瀬正人
発行所　株式会社旭屋出版
〒107－0052
東京都港区赤坂1-7-19　キャピタル赤坂ビル8階
郵便振替　00150-1-19572

販売部 TEL 03(3560)9065
FAX 03(3560)9071
編集部 TEL 03(3560)9066
FAX 03(3560)9073

旭屋出版ホームページ　http://www.asahiya-jp.com

デザイン　株式会社スタジオゲット

印刷・製本　株式会社シナノパブリッシングプレス

ISBN978-4-7511-1298-4　C2034
Printed in Japan